杨林老师

杨林老师与夫人黄芬女士

杨林老师夫妇与正和岛首席经济
学家王林教授合影

杨林老师与董明珠合影

杨林老师与全球畅销书《心灵鸡汤》
作者马克·汉森夫妇合影

杨林老师与畅销书《男人来自火星，女人
来自金星》作者约翰·格雷合影

杨林老师与依文集团董事长夏华合影

杨林老师与贾静雯合影

杨林老师与湘潭市步步高食品有限
责任公司董事长王填合影

杨林老师与友阿集团董事长
胡子敬合影

杨林老师与"世界最伟大的推销员"
乔·吉拉德合影

杨林老师与老百姓大药房
董事长谢子龙合影

《凤凰·沐心之旅》游学营

马路疯狂演讲 1

马路疯狂演讲 2

翡丽莱斯集体合影

翡丽莱斯集体出游照

课程现场 1

课程现场 2

课程现场 3

杨林老师演讲现场

尊享伙伴全家福 1

尊享伙伴全家福 2

为自己代言

魅力演说 的终极心法

中国向世界发声
影响世界10亿人

杨林 著

当代世界出版社
THE CONTEMPORARY WORLD PRESS

图书在版编目（CIP）数据

为自己代言：魅力演说的终极心法 / 杨林著．--
北京：当代世界出版社，2017.1（2018.4 重印）
ISBN 978-7-5090-1178-2

Ⅰ．①为… Ⅱ．①杨… Ⅲ．①演讲－语言艺术－通俗
读物 Ⅳ．① H019-49

中国版本图书馆 CIP 数据核字（2016）第 303273 号

为自己代言：魅力演说的终极心法

作　　者： 杨林

出版发行： 当代世界出版社

地　　址： 北京市复兴路 4 号（100860）

网　　址： http://www.worldpress.org.cn

编务电话：（010）83908456

发行电话：（010）83908409

　　　　　　（010）83908377

　　　　　　（010）83908423（邮购）

　　　　　　（010）83908410（传真）

经　　销： 全国新华书店

印　　刷： 北京凯达印务有限公司

开　　本： 710 毫米 ×1000 毫米　1/16

印　　张： 14.5

字　　数： 240 千字

版　　次： 2017 年 1 月第 1 版

印　　次： 2018 年 4 月第 3 次

书　　号： ISBN 978-7-5090-1178-2

定　　价： 45.00 元

推荐序

　　演讲是最古老的文化形式之一。公元前 25 世纪，埃及人普霍特就写了如何说话的教谕；公元前 5 世纪的古希腊，涌现了如苏格拉底、柏拉图等一大批富有声望的演讲家；距今 3000 多年的殷商时期，保存有盘庚迁都演讲记录；2000 多年前的春秋战国时期，诸子百家、策士说客更如雨后春笋，层出不穷。

　　演讲是最有力量的武器。它所能产生的能量，是排山倒海、攻无不克、战无不胜的。德国诗人海涅说过："言语之力，大到可以从坟墓唤醒死人，可以把生者活埋，把侏儒变成巨人，把巨人彻底打垮。"我国南北朝时期的学者刘勰在《文心雕龙·论说》中说到："一人之辨，重于九鼎之宝；三寸之舌，强于百万之师。"

　　演讲是人类永恒的精神财富，从古至今，绵延不衰，方兴未艾。它有着强烈而广泛的社会作用，有着不可估量的社会价值和极其深远的历史意义。它渗透于社会的方方面面，小到朋友交谈、工作汇报、上台发言，大到国际谈判、对外交流……也正因如此，古往今来，从中到外，演讲无不被人们所重视、所运用。

20世纪以来，随着西方演讲理论体系的成熟，演讲的运用渗透到社会的方方面面，演讲的方式千姿百态，演讲活动进入了又一个鼎盛时期。特别是改革开放以来，随着我国经济的高速发展，以及互联网、物联网时代的来临，日常口才运用已成为人与人交往的基本工具，演讲更是成为了一种普遍的社会现象，工作汇报、朋友聚会、上台发言、产品营销、微商推广……无不需要演讲这门工具。演讲专著更是大量涌现，演讲大师如过江之鲫，演讲成了人格的展现，传播的工具，沟通的手段，科学的武器，社会的强音，成功的桥梁。演讲是时代的呼唤，这是一个演讲的时代。我相信演讲这门古老的艺术，在众多演讲家的努力下，一定能够经久不衰、永葆青春，成为中国乃至世界的瑰宝。

收到杨林发来的书稿，我仔细读罢，感慨良多。市面上关于演讲领域的著作出版了不少，但多是一些换汤不换药的旧言论，很少见到有针对当下演讲现状的新思路。演讲现在已经从过去主要是政治性演讲向多领域的演讲、尤其是商业性演讲发展。演讲也因此成为企业家和企业发展的必备工具，对内公司员工培训、企业文化发展，对外品牌宣传、产品推广、招商引资都离不开演讲。杨林的《为自己代言：魅力演说的终极心法》，是根据自己多年的演讲及实践经验汇编而成的成果，特别是针对演讲家和企业领袖的自我修养、商务演说、销讲智慧方面有了开创性的见解。认真阅读此书，我们会真切地感受到作者的良苦用心。

正如书名所示，这本书以杨林自己的经历为主线展开而来，没有高深难懂的学院派理论，而是以一个演讲家和实践家的视野向读者讲述发生在自己和周围人身上的故事，内容贴近生活，生动实用。本书不仅是一本演讲类的教材，同时本书还是日常生活和演讲的指导书，不论对普通大众还是演讲领域的学者都有借鉴的意义，只要你学以致用，都能够有所收益。

在这儿，愿杨林的新作能够指导更多人获得事业和生活上的成功，也祝愿所有的读者都能够从本书中获得令自己满意的答案。

2016 年 12 月

前言

在这个世界有两种艺术，不需要任何帮衬，它可以穿透心灵，可以催人泪下，可以让人随之兴奋、随之消沉乃至于陷入痛苦，一种是音乐，另一种是语言。

语言的力量是无穷的，它比木乃伊更永久，比原子弹更具威力。中国有句古话："一言以兴邦，一言以灭国"，这是古人对能言善辩的人给予的最高赞誉。从合纵连横的苏秦、张仪到舌战群儒的诸葛孔明再到被誉为"铁齿铜牙"的纪晓岚，他们一个个叱咤风云，影响时代的发展……

语言是人与人沟通的纽带、交往的桥梁、智慧的结晶。人之离不开说话，犹如鱼儿离不开水。我国著名散文家朱自清说："人生不外言动，除了动就只有言，所谓人情世故，一半是在说话里。"从呱呱坠地到寂然辞世，说话贯穿我们的一生，是我们每个人赖以生存的基本手段。人与人之间思想交流、情感沟通，最直接、最方便的途径就是语言。世界上没有任何一个正常人不需要讲话和交流，也没有任何一种工作不需要和别人打交道。

从求职到升迁，从恋爱到结婚，从推销到谈判，从沟通到办事……无不需要说话的能力和技巧。生活因语言交流变得丰富多彩，人生也由此更加回味无穷。

时至今日，人与人之间的接触越来越频繁，形式越来越多样，人与人之间的沟通和合作变得越来越重要，而说话无疑在其中占据着关键性的作用。如果你懂得如何说话，你就能改变结果，让事情向着自己希望的方向发展。

说话看似简单，却包含着许许多多的人生哲理。说话不是玩弄文字，不是辞藻的简单堆砌，而是一个人思想境界、处世态度、办事水平的综合体现。一场唇枪舌战的记者会，由于你卓越的口才，胜利的天平偏向了你；一次公司会议上，你一段激情励志的发言，使公司员工人心大振；一次公关庆典上，你恰到好处的祝词，赢得众人的阵阵掌声……

也许你的不善言辞，正在无形之中影响你的进步；你的木讷呆板，正逐步将你的才华埋没；也许你的不以为然，正让你一步步走向默默无闻……

尊享文化传播有限公司是一家致力于孵化魅力企业导师的培训机构，鉴于当前演说已成为人们工作、生活的基本手段，针对大众、初学者以及演讲导师的各种需求，依据本人多年从事演讲事业的经验，按照自己的培训内容，采撷、借鉴众多演讲大师的精彩片段，撰写而成《为自己代言：魅力演说的终极心法》一书。本书分为四章，深入浅出地从演说智慧、销讲智慧、导师智慧、领袖智慧四个层面向大家介绍演讲的技巧与魅力，教会人们如何运用演说这一技能去开启自己的人生梦想。希望读者从本书中，不但能学会演说的精髓，更能寻回人与人之间那份丢失的尊重、了解、关怀与公正。

2016 年 12 月

目录

引言

当夜幕降临，青瓦沉谧，袅袅炊烟从各家各户的房屋中升起，三三两两微弱的灯火，在漆黑的夜色下摇曳着，忽明忽暗。然而村中却有那么一户人家，灯火通明，人们穿堂走巷挤到那里，围在一台黑白电视机前，兴致勃勃地等待电视节目的开始……

20 世纪 80 年代，我便生活在江西抚州这样一户家庭中。当其他村民还在用洋油灯时，我家已安装了电灯、电话、黑白电视。80 年代末，我父亲又直接在美国订了彩色电视，亲自去香港把彩电运回家。父亲头脑精明，做过大队会计，承包过县里的副食品公司，搞过翻斗车运输，生意一直都是风风火火。家里计划在 1000 多平方米的宅基地上再修建一幢别墅……

孰料现实就像电视里上演的节目一样，从门庭若市到门可罗雀，一幕人间悲剧突然发生在我的家庭里。父亲因投资不慎让这一美好的计划泡汤了。

"不知道我们这个别墅，十年后，你儿子能不能把

它建得起来？"这是我在参军入伍之前，母亲含着泪对父亲说的话。他们从来都不知道我在隔壁房间可以听得一清二楚。这句话，触动的不仅是我年少的心灵，甚至接下来我所做的任何事情，都与它相关！我无意责怪我的父亲，但母亲的无奈与一声声叹息，多少次萦绕在我的心头，使我辗转难眠！

1997 年年底，我参军入伍，属于中国最后一批的 3 年制志愿兵。在部队，我凭着优异表现从士兵直接晋升为班长。有次与别的支队比武，我本已经坐上回家探亲的列车，收到领导的召回命令，二话没说直接返回，参加紧急训练。接下来的比赛，我们部队获得了优异的成绩，我拿到了个人射击的单项冠军，荣获"三等功"。

1998 年，长江、嫩江、松花江等河流发生百年难遇的特大洪水，全国受灾面积 3.18 亿亩，受灾人口 2.23 亿人。抗洪救险是每一个士兵刻不容缓的任务和责任。当时我们部队在南京一带抗洪，好几次我带领士兵，身先士卒，跳进水中，堵住急流。生死也许只是一瞬间的事情，但身为人民战士的我，哪管它洪水滔天，只有一个念头：我必须那样去做。直至今日，军人的忠诚和刚毅于我，已经成为了一种习惯！

三年的部队生活，我一直被评为"优秀班长"，这也是最让我感到自豪的事情。我曾经私下问过我们的指导员："我留下来提干，一个月可以拿到多少工资？"指导员很诧异，他不理解我为什么要问这样的问题。他告诉我他每个月拿 2000 元的工资，相比较来说已经很高了。但我家那别墅建起来估计需要 300 多万，这何年是个头！我忘不了我母亲含着泪对我父亲说过的话！我需要挣钱，实现梦想！凭我当时的文化水平，我没有自信能够考上军校，就算提干的话，与我的梦想也相差甚大！我毅然决定转业回家，光荣退伍！

退伍过程还有些小插曲，因为部队希望我留下，指导员也希望我能留下。快退伍的时候，特勤大队还让我去集训，想借此让我错过退伍的日子。我跑步时故意落在后面，打枪时故意脱靶，指导员看我心意已决，只好特批我退伍了！

命运似乎给我开起了玩笑，当我转业回家，被分配在老家林业局下属的一家企业里，每个月工资320元。我想也没想，第一天上班便办了下岗证。属于退伍士兵的我，没什么一技之长，接下来我去了深圳，干起了保安。干了7天，我被提升为保安队长，工资也从每个月800元涨到每个月1300元，穿着便装巡逻，一时觉得风光无两。

我的爱人黄芬女士，她十四岁就外出打工，后来自考大学，我们的爱情是从她上大学的时候开始的，当时我还在部队。到了深圳，我做保安，她在一家台资企业做业务员。当她成为这家台资连锁企业的营运总监，工资每月有两三万时，而我仍旧做着保安，每个月工资仍是一两千。当我们有了第一个小孩时，我一句"我负责"，使得我们的爱情更加甜蜜。但，我是有挫败感的，我的家庭已经穷困不堪了，我父母还跑到广州种菜卖，特别是我的爱人黄芬，她因为做的是美业，经常工作到很晚回家，路上也不知被抢劫过多少次，而作为一个男人的我，空有一双铮铮铁拳，却无可奈何！我萌生过再换个工作的想法，但可怕的是，生活已磨掉我的勇气，剩下的只有内向和胆怯。记得一次我去面试，连主考官的问题都不敢回答，所有问题都是我爱人帮我回答的，这工作还怎么换？

因为内向和胆怯，我拒绝了很多人的好心相劝。一次黄芬跟我说她公司有个内训，让我去听听，她买了内训老师的书，让我配合着一起看看。我不愿去听，也不想看。她一走，我便独自呆在空荡荡的房间里，聊胜于无，我随手翻了翻那本书，那句："当人在风雨中成长，风雨中成熟，风雨中成功……"吸引了我，这是我第一次看到"成功"两字，这两字对我的触动非常大。当时做着保安的我，根本不知道何谓成功。我需要成功，我要把我家那别墅盖

起来！

于是我去听了那场内训，看着老师那身红色西装，白色衬衫配着红色领带，他口若悬河，头头是道，魅力四射到无以复加。我目瞪口呆，诧异于这世界还有这么一类人存在。我完全不可思议起来，心想，如果我也像这位老师一样，那我是不是就能多挣点钱？我家那别墅也能早日盖起来！

因为这场内训其实就是个招聘会，听完课之后，我问："我能不能来这上班？""只要你有梦想，就一定可以！"老师回答。接下来的招聘流程，尽管老师一再地肯定："你就是块干销售的料"，但我对销售还一知半解，他们告诉我销售就是把东西推销给别人，让对方把钱给我们。我不太懂，但我知道它能够激励我的梦想，它可以让我成功。最后过五关、斩六将，我成功留了下来，成为了一位业务员！

刚做业务员时，主管布置了一个任务，让我们去搜集100张老板们的名片。我一开始并不知道其他业务员是怎么去搜集的，但我真的是一栋一栋的去"扫楼"，去和我之前的保安同行们"捉迷藏"。其中有位写字楼的老板，他在打电话时似乎就很生气了，我见他挂上电话，走上前去。"您好，老板，我是××公司的销售顾问。今天我想认识您，交换一张名片，可以吗？"我将我的名片递给他。不想，这老板一副鄙夷的神色，接过我的名片就往地上一扔，只差踩上一脚了！"成功""梦想"，这些伟大的字眼似乎替代不了羞愧和尴尬。但我尽力控制了自己的情绪，捡起名片，一字一顿地对这位老板说："老板，你丢的不是一张名片，而是一个年轻人的梦想。我很想在这家公司工作，但是今天如果我没有换够名片的话，明天我可能就会失业！"几句真诚的话，说得这老板也被触动了，连连向我道歉，还请我入座，给我沏了一杯茶，最后郑重地递给我一张他的名片。当时我想，一个人真诚，真的可以霎时间改变别人对他的看法。

搜集 100 张老板们的名片,其他业务员很多都"圆满"完成任务,最后我只搜集到了 76 张,被主管惩罚了 108 个俯卧撑。接下来,主管让我们打电话回访,感谢这些老板让我们顺利过关。我客客气气地一个个打电话感谢,这 76 张名片是我一张一张换回来的,甚至连那些老板长什么模样都还记得。其他业务员有的要么拿早就有的名片来抵数,要么去做名片的地方弄些已经变成空号的名片。真相被揭开后,主管对我表扬有加。月底的一场每人 100 元的活动,我那 76 张名片中,最后被我邀约来出现在活动现场的竟有 32 位老板。我所在的那家公司,直到因各种原因倒闭之前,每个月我都是公司的销售冠军!

前公司倒闭后,我与我太太在广州开了家美发店,经营得也还不错,只是我那股蠢蠢欲动的想法,始终无法停止。一天,我的内训老师从湖南打电话给我,邀请我去做他的副讲老师。4 天 500 块的报酬。别说是我太太黄芬,就连我,一开始也难以接受。但我想,钱财的事情都是其次的,只要我坚持学习,不断进步,钱财总有一天会来的。抱着学习的目的,我去了湖南。

为了演讲,我参加过"魔鬼训练营",学习"公众演说,魅力表达"(4 天 4800 元学费)前,我问老师:"老师,你觉得我能像你一样演讲吗?"

"完全没问题,只要你继续学习!"老师说。

"我觉得我有点内向!"

"内向的人,讲得更真实!"

我不知道内向的人,是不是可以讲得更真实,但我信了老师的话,我交了学费。课余时间,我做起业务员,销售自己的"免费培训课程",是真的不收取任何费用。我记得我第一次的演讲经历,刚开讲没多久,人就走了三分之一,不到一小时,人已走光了。人生需要坚持!历经磨难的人,未来肯定不一样!我没有放弃,坚持免费演讲了 100 多场,后来,我竟成了那家公

司的沙龙会老师，每场费用变成了 120 元。

"有些升职机会，即使不加薪，你也应该把握！"与职场人类似，我相信我已经把握住了我的未来，我的目的从来没有动摇过！我由每场演讲 120 元到每场 5000 元，到两天课程 20000 元，再到三天两夜课程 30000 元，最后一个小时 50000 元，甚至一场招商性质的演讲，我能得到几十万元、上百万元，也正应了那句话："没有得到我想要的，即将得到更好的！"

我与各种人打交道，调研他们的企业，发现问题，帮助他们解决问题。我从一名业务员，做到公司的执行董事。如果我说，我们公司的业绩，80% 都是由我杨林创造的，没有人会提出异议。

如果说，学习改变命运，演说创造奇迹，那这在我个人身上，无疑得到了淋漓尽致的体现！

毫不夸张地说，至今为止，我的个人学习费用已经超过 500 多万。我满世界去学习，跟世界大师同台演讲。2010 年，与乔·吉拉德在 7000 名听众面前同台演讲；2010 年，株洲万人演讲体育馆与约翰·库提斯同台演讲；2012 年，与全球畅销书《心灵鸡汤》的作者马克·汉森同台演讲；2013 年，与港澳资讯董事长唐骏、格力集团董事长董明珠、依文集团董事长夏华等企业家同台演讲；2014 年，我跟世界著名的两性关系学家、《男人来自金星，女人来自火星》的作者约翰·格雷同台演讲。

渐渐地，开始有很多企业慕名找到我，让我做他们的顾问，让我帮他们策划，让我帮他们招商。2015 年 4 月，我被翡丽莱斯正式聘为 CEO，给公司做全方位招商。从 2015 年 3 月到 2015 年 5 月，公司业绩增长 800%；之后的 8 个月时间实现 1 个亿的销售；2016 年公司把销售目标定为 6 个亿。我想告诉大家，一个人的成功一定是他背后做对了一些事情，一定是他背后真正愿意付出，一定是他永远都没有放弃学习。

我一直念着要靠自己把家里的别墅盖起来，当我个人积蓄达到2万的时候，我便按捺不住了。不过2万就想盖别墅，简直要让人笑掉大牙，我太太一脸的不屑。但我决心已定，我不愿我的父母那么大年纪还在种菜卖菜。我让他们回老家，立即动工，我保证工期费用我会悉数供上。

别墅开工的第一个月，正巧碰上江苏省妇联与一家企业联合在北京人民大会堂举办一场活动，我们老师要去主讲，我抓住机会，邀约了130多位企业家到现场，那个月的提成我拿到了40多万，这对我建设别墅的决心无疑打了一剂强心针。当我拎着满满一蛇皮袋钞票时，终于明白为什么我的老板不把钱直接打到卡上，而是让我来拿现金，就是为了让人感受一下这种"钱"动力。我知道这就是销售管理之道，我必须感召更多的人懂得销售的真谛、管理的重要，懂得人生的道理。

2009年，我买了人生第一台车力帆620，在我建好了别墅的同时，我还在老家的县城买了套商品房，伴随着知名度的上升，我实现的是名利双收。

2010年我买了第二台车，一辆二手的蓝鸟。当时我在外面跑业务，天下着雪，却打不到一辆车，看到眼前有辆蓝鸟，索性我掏出银行卡，直接花7万元买下。在外面开车跑业务，不仅方便，业务量也有了显著提升。当我一年后将这辆车转手再卖出的时候，比购买价格还贵了一万。

2012年我买现代索纳塔8，花了17万，2014年底我准备再换车的时候，是买宝马还是奔驰，曾考虑再三，最后我直接买了辆路虎，尽管买入时我手头还挺紧，但我知道我要的就是路虎。

很多的培训公司发展出现了瓶颈，但老板们却仍安于现状，看不见头顶的天花板随时都有掉落的可能。每一个做培训的老板的发心是什么？初衷何在？意愿又是什么呢？

一个老板培养员工，一定要培养更多能独当一面的员工，而不只是一两

个，不然一旦这一两个离开，那公司就瘫痪了！而一个老板一旦发现能独当一面的人才，要么给股份，要么下重金，锁定他！老板要把公司当成大家的，大家才会把公司当成自己的；员工为公司挣得越多，老板才能挣得更多。

世界上只有两种武器能力最大，那就是核武器和演讲。我们的演说智慧教你会说；我们的销讲智慧教你会卖；我们的导师智慧让你会教；我们的领袖智慧让你会领导。怀着"尊上、共享、贡献、责任、传承"的使命，从心出发，向更多的人分享演说智慧、销讲智慧、导师智慧、领袖智慧，让每一个人都能够成就自己的人生！让每一个人都能够为自己代言！2014年我注册了尊享文化传播有限公司，2015年4月公司开始实际运作。尊享的战略目标就是打造100家企业成为行业标杆；开设1000场千人公益演讲；成就5000位百万战略合伙人；造就100位千万战略合伙人。

只要相信，期待就会成真！只要坚持，奇迹就会发生。我希望每一个尊享人都能改变命运，创造奇迹。

第一章
演说智慧——人生是自己设计出来的

演讲是一种语言的交际活动，成功学大师戴尔·卡耐基曾说："一个人的成功，仅仅有15%取决于技术知识，而其余的85%取决于说话艺术。"一个人能否取得成功，说话艺术占了很大的因素。掌握说话艺术，懂得演说技巧，是现代人成功的必要条件之一。

演说的好处——演说创造人生奇迹

"一人之辨，重于九鼎之宝；三寸之舌，强于百万之师。"投资口才就是投资未来！你能对多少人当众讲话，你的事业就有多大！

每一份付出都会有回报

尊享故事

14 岁那年，为了承担更多的家庭责任，我辍了学，进入美容美发行业。18 岁时，我开始经营自己的美发店。一次偶然的机会，我听说销售课堂可以让业绩倍增，我去听了一节课，便被杨林老师的魅力光环深深吸引，现场我交了 1000 元，继续去杨林老师公司培训。

一次，我听到隔壁夫妻吵架，老婆骂老公不争气，没出息，我听后感觉特别害怕，担心我未来的老婆也会这样骂我。我想做一个有志气、有激情的男人，我想成为有钱的人。

我的动手能力很强，但演讲方面，一直是我的弱项。那些生意做得好的人，演讲能力、个人魅力都非常厉害。有人曾问我："如果有 100 万，你会干什么？"或许很多人会说有了 100 万，买车买房，但我却愿意拿这 100 万去投资，去做有生产值的事情。怎么投资便是我所需要学习的。

我报名参加杨林老师"瞬间改变命运"的课程，因为需要 2 万元学费，我只好问我母亲借。记得我的一位朋友也想参加这个课程，但他没向他父亲借到钱。如今，我们两人的命运确实有了天壤之别。·

在这儿我特别要感恩我的母亲，记得有次母亲因为头晕，从家里二楼摔了下去，住进医院，她对我所有亲人说的一句话是："不要去打扰我儿子的工作！"后来我的亲人还是打电话告诉了我。当我赶到医院，看到病床上我的母亲头是歪的、脖子肿了一大半，但她却仍然对我说："你来干嘛，儿子？你去工作，你去努力做事，我这没事！"

当时我的内心彻底崩溃了！眼泪像决堤的河水，唰的一下子就流了下来。到那时，我才真正明白母爱是多么的伟大！我暗自发誓，一定要让我的母亲过上更好的生活！

一个人的决心有多大，成就才会有多大。跟对人，不仅机会更多，也能给你个好平台！我曾经对着鱼儿、对着石头、对着我父母演讲，我把学习当作生命一般重视，事实也是，那些富人都把学习当作生命，反而那些穷人却把学习当作要命！

21 岁的时候，我便可以走上千人舞台发表演讲，很多企

业家开始拜我为师。那一年我买了一套房子送给父母，那一年我成为 LED 形象代言人。到目前为止，我有车又有房。

杨林点评

真性情好男人，黄谛！黄谛 14 岁就出来打拼，18 岁的时候就拥有了自己的美容美发事业，跟合伙人开了好多家连锁店。但为了发展，18 岁的时候他决定走进我们的课堂开始学习。一位过去说话都会口吃结巴的小男生，现在却通过自己的努力，在演讲的领域中有了他自己的一席之地。

我觉得这一切的一切，都是一种向上的力量，一种不甘于平凡的执着。我相信他未来会有更伟大的事业！同样，尊享因为有他，而倍感骄傲！

一个真正的演讲者，是可以讲任何主题的课程的，可以进行各种感觉的分享。黄谛就是这样的一种表率，一种在任何环境中都可以调节自己的心态去跟大家沟通交流的表率，我觉得这也是他多年努力，并且愿意在背后默默努力的结果。

正应了那句话：每一分默默付出的努力都会有倍增的回报。

黄谛没有什么学历，也许让他写一篇文章，表达一下情怀，对他来说都应该是件很难的事情，但他却能通过努力，最终站上舞台演讲，可见他为此付出了多少。

黄谛母亲的故事最感动的就是让我们知道孝顺不能等；让我们知道父母的恩情不是未来去报，而是现在去报；让我们知道父母健康才是儿女最大的幸福；让我们知道这个世界上最动听的声音其实是妈妈的唠叨声。

当你不再听到这种唠叨的时候，你会发现这个世界好像缺少了很多东西！

要明白一个道理：妈妈在，家就在；妈妈在，姐妹兄弟才是姐妹兄弟，妈妈不在，姐妹兄弟只是亲戚而已。

父母健康是我们一生的幸福！让我们祝福天下的父母越来越健康、幸福！

一、演说是开启成功的钥匙

假如世界第一潜能开发大师安东尼·罗宾不会公众演说，他会从一个银行洗厕所的到每天的演讲费用高达 1000 万元人民币的成功学大师吗？假如世界地产大亨唐纳德·特朗普不会公众演说，他会从负债 92 亿美金到 5 年后反败为胜资产高达 60 亿美金进而成为美国总统吗？假如比尔·盖茨不懂得公众演讲，假如世界第一投资大亨沃伦·巴菲特不做公众演说，他们会创造如此神奇的财富吗？

毋庸置疑，公众演说能为我们带来许多好处。它能够让我们获得很多自己不曾拥有过的能力、不曾创造过的财富，使我们成为更加优秀、更加出色的人物。

二、演说关系着成败得失

当今社会，到处充满竞争和合作。说话不仅是人们日常生活之必需，也是直接影响个人事业成败的重要因素。生意场上有"金口玉言，利益他关"之说；工作场合有"一言定乾坤"之说；生活中有"一言既出，驷马难追"之说。可见，在现代社会中，是否能说，是否会说，实在影响着一个人的成败得失。

讲究说话在我国是有悠久传统的。历史上凭口才决定成败得失的人物、事件数不胜数：凭借"三寸不烂之舌"施展合纵、连横之术的苏秦、张仪；

以敏捷的思维、雄辩的口才出使楚国而闻名的齐国重臣晏子；《三国演义》中舌战群儒的诸葛亮；主持编纂《四库全书》的"铁齿铜牙"纪晓岚等。他们或吐纳珠玉之声，卷舒风云之色；或羽扇纶巾，谈笑间逢凶化吉。

现代社会中以口才而闻名中外的女中豪杰杨澜，她作为传媒中人，不断在观众面前亮相，不断地纵横放言、评点中外、表露心迹。细细听来，她的一语一言几乎同她的天性一样：清新又明晰、亮丽而爽朗；话中不乏令人开怀的风趣，让人捧腹的率真，发人深省的意趣。一句话，杨澜其言的个中三昧，闻者自知多情味多悟性，更不失其名人的风范与品性。

西方哲人有这样的总结："世间有一种成就可以使人很快完成伟业，并获得世人的认识，那就是讲话令人喜悦的能力。"口才好让你有更多的机会。

三、演说是打开市场的一把利器

市场的竞争是日益激烈的，而市场运作又完全属于市场的规律，我们无法左右更无法控制。那么最好的方式就是加强我们的市场营销能力，在市场中开拓出属于我们的立足之地。如此一来，市场营销的能力就显得格外重要，而演说则是市场营销的一把有力武器。

许多人都为自己的销售能力感到担忧，在当今的社会中，如果企业不具备良好的一对众的销售能力，那么我们就面临着被市场淘汰的命运。通过演讲来进行一对众的销售，不仅可以让我们的销售更加科学化、艺术化，不再只停留在单纯的销售阶段，而是在销售中融入思想、趣味、激励等人们所需要的元素，让我们的客户在买到好产品的同时，也能够买到先进的思维理念以及好的生活方式。

四、演说是吸引顶尖人才的最好方法

21 世纪最难得的是顶尖人才，企业发展最需要的也是顶尖人才。没有任何人可以靠自己个人的力量去盖一栋大楼；没有任何人可以靠自己个人的力量去拍一部电影；没有任何人可以靠自己个人的力量去办上万人的演唱会；没有任何人可以靠自己个人的力量去参选市长或者总统……完成任何远大的目标、理想，除了资金之外，就是建立顶尖的团队。

传统的招聘方式都是静态的，而演说是动态的。演说者将企业的发展理念以及个人的成长经历展现给听众，这些动态的信息会吸引更多、更优秀的人才来到你的身边，与你一起为共同的事业而努力奋斗。演说就是可以吸引人才，吸引那些和我们有共同的理想和信念的优秀人才以及合作伙伴。

我们在演说的时候会将自己的思想和理念都融入其中，并且将个人的经历、未来的打算都融入到自己的演说中。我在演说中就会说出自己对于工作的下一步打算，所以演说之后就经常有志同道合的人找到我，想要加入我的团队，与我一起奋斗。还有的人知道我有出书的打算，就找到我要求合作出版。

五、演说是提高领导力的绝佳途径

常言道：不怕冲锋在前，就怕上台发言。这是许多领导人的亲身体验。平时还好，一上台就语无伦次，头上冒汗，身上打颤。面对团队，没有表达能力，领导怎能发力？

这是一个魅力展现的时代，这也是一个激烈竞争的时代！演讲力是职场人士非常重要的一项能力，可以毫不夸张地说，演讲力是未来企业发展的核心竞争力！商场如战场，一流的口才不仅是企业家处理人际关系的必备武器，

也是他们驰骋商场的制胜法宝。

一个企业、一个社会，之所以能够正常的运转，根本在于建立了正常的秩序。而秩序的建立，就必须有一个权威的声音明确规范、维护秩序、宣传鼓动、解释说明、发号施令……而这样的工作无论过去、现在还是将来，更多的是由群体领袖来承担的。这就涉及到我们非常熟悉的一个词——领导力。

世界著名营销大师杰克·特劳特先生在其力作《简单的力量》一书中写道："最好的领导者知道，仅仅有方向是不够的。最好的领导者是故事的讲述者、拉拉队队长和引导者。"作为一个群体或者说一个团队的领导者，要善于借助语言的力量为群体和团队成员指明发展的方向，描述美好的未来，灌输正确的理念，不仅要成为团队行动的核心，还要成为精神层面的领袖。在这一过程中，超凡的领导力也就自然而然地形成了，领导干部的领导力高低和他的演说能力高低是成正比的，演说力强，领导力水平自然也就高。

演说吸引人脉，演说能倍增财富，演说更能提升领导力。近些年来，很多的企业家越来越像演说家了。马云、雷军、罗永浩、俞敏洪、柳传志、牛根生……他们特别能说，也特别会说。无论是接受媒体采访，还是公众演说，他们都有着一流的演说能力。这些人随便找一个站到台上，都能给人来一堂精彩的演说。

六、演说是激发潜能的有效方法

每个人都有与众不同的潜在能力，如何激发这样的潜在能力，就是摆在所有人面前的最大问题和考验，而演说就是激发潜能的有效方法。

通过演说不仅可以提高我们的听、写、说、演的能力，还可以提升自己的表达能力、观察能力、分析能力，全面打开自己的能力通道，激发无限的潜能。

　　演说为我们提供一个增加学习能力和拓展自我知识面的平台。要想成功地站在演讲台上，不断地学习和不断地更新自己的知识，就成为了我们每一天必须做的功课。简单地说，只有增加学习能力，我们才会说出更多的至理名言，只有不断地拓宽知识我们才能提高自己，才能成为一位成功的演说家。

演说的准备——兵马未动，粮草先行

　　演讲台就等于演说家的战场，既然是战场，就不能打无把握的仗，所以演说前的准备就显得至关重要。演说前要充分做好以下准备：情绪上的准备、精神上的准备、心理上的准备等。这些演说前的准备工作相辅相成，缺一不可，无论哪一方面没有准备到位，都会使演说的效果大打折扣。

活着，就要站在舞台的最中央

尊享故事

　　男人，要么穿上军装，保家卫国；要么穿上西装，运筹帷幄。当他 10 岁时读了《毛泽东传》，他便立志要成为企业家，成为家族的榜样，国家的栋梁。在他 19 岁时，他怀揣 300 元独闯上海，创立过上海誉成劳务有限公司，仅仅两年，他的存款就从零到了过百万，实现了他最初的企业家梦想，完成白手创业的华丽转身！

但是骨子里的内向和自卑，让他更羡慕舞台上的那些演讲者，那些大咖。2010年6月杨林老师与乔·吉拉德的同台演讲，使他倍受鼓舞，决定跟随，虽然只是从最基层的业务员开始做起，但却可以通过努力和修炼成为顶尖的魅力讲师。然而，或许是因为内向与自卑，他在头三个月里业绩并没有突破，于是第一次与杨林老师的短暂合作只能告一段落。

2013年，他离开公司前往深圳，在深圳创立了圆梦电子商务有限公司，带领技术团队仅用半年时间就实现营业额过千万，创造了不小的行业奇迹。公司虽做出了成绩，但仍能感觉到经营方式与经验的缺乏，他能带领团队，却因不懂得分配机制和捆绑人才让技术人员流失，公司停滞不前使他头痛不已。

一次，在朋友圈里看见尊享，魅力四射的杨林老师再次出现在他的世界。他仿佛在黑暗中看到那盏等待他的明灯，他终于寻找到了梦想的方向——回到尊享，做大尊享，帮助千万人走进尊享课堂，成为舞台上的超级巨星，让世界听到中国的声音。

"敢讲比会讲重要一万倍""信念比方法重要一万倍"，杨林老师的导师智慧打开了他敢讲的开关，当他义无反顾，第一次站上舞台主持一场乔迁之喜的时候，那种被认可的感觉是无法用语言表达的。他每天都看杨林老师的视频，紧随杨林老师的每个课程，去学习、去成长。他家人也一起持续不断地学习《魅力演说》的系列课程体系，每个寒暑假，他都把儿子向日葵从广州接到长沙来学习青少年课程，为他的成长铺路。

一家人，一个梦想，他是倍感荣幸的。告别过去的内向与自卑，他现在的舞台效果更好了。

杨林点评

向志强的第一次爆发是在导师智慧课程上。那一次，他的爆发真的让我感觉到："这是志强吗？"因为过去，志强在演说方面真的是没有任何的天赋，每一次他还没上台演讲，就已经紧张得面红耳赤了。但我真的没有想到，短短几个月时间，通过不断地加强练习、不断地上台分享、不断地突破、不断地把握机会，现在的志强是一个真正的能进入别人内心的演讲者。

如果现在再去听他的演讲，你会发现，他讲最疯狂的事，讲爱情，真的会让你既开心又感动，他真的很不容易。你会发现，他把演和讲结合得淋漓尽致，通过各种方式来诠释他演讲的内容与真情，让全场的伙伴都能感受到他不可思议的演讲。

通过志强在演讲跟销售中的提升跟改变，我相信志强未来的人生会更加的精彩，尊享也因为他的存在而感到无比的自豪。

一、情绪上的准备

当我们踏上讲台，面对那么多的听众时，总是心生胆怯。但这并不是什么害羞的事情，即便是最精炼的演讲者也有过这样的经历。学会克服对演讲的恐惧，那么演讲将成为你巨大的职业优势。

在演说前，第一步就是情绪准备，如果没有积极的情绪，你的演说注定是失败。要想让情绪保持在巅峰状态，就必须克服恐惧心理，享受演讲台上的荣耀，并且用一些技巧激励自己，将所有的积极情绪都储存在自己的内心中，等到演讲时再将这些积极的情绪释放出来。

演说前，我们需要将自己的情绪推向一个巅峰状态，抛开心中那些莫名其妙的恐惧，让快乐和正能量充满我们的内心。情绪上的巅峰可以保证你的演讲是充满活力的，而不是死气沉沉。

调整情绪的方法一：回避目光法

作为一个初登讲台的演讲者，心情难免紧张，特别是听众的某些偶然因素也会人为地造成紧张情绪。比如某个听众发出一些声响，就会引起演讲者情绪的波动。这时，你就应该转移目光，或者采取流动式的虚视方法，有意识地回避目光对视，以保持良好的心境。

调整情绪的方法二：呼吸松弛法

在演讲前，运用深呼吸松弛紧张情绪的办法简便可行。具体做法是站立、目视远方、全身放松，做深呼吸。这样就可缓解演讲时的紧张情绪。

调整情绪的方法三：自我陶醉法

在演讲时，面对满场听众，有时会因精神紧张而出现语言表达失误的情况。这时可以假想一下自己已经获得成功，听众们都在赞美你的场面，就会信心倍增。

调整情绪的方法四：自我调节法

为了消除紧张情绪，可在演讲前通过创设良好的外界环境，使自己的情绪得到放松。如在演讲前，听一首轻松愉快的乐曲，看一些令人捧腹的幽默故事，和喜欢的同学聊聊轻松的话题等。

调整情绪的方法五：注意转移法

为了消除演讲前大脑的紧张程度，可以有意识地把注意力转移在某一个具体的物件上。比如，欣赏会场的环境布置，也可以冲淡紧张的情绪。

二、精神上的准备

演说前，尽量不要让自己过于紧张和疲劳。特别是第一次做公众演说的时候，大多数人都会因为紧张而睡眠不好，以至于在演说过程中因为精力不足而导致演说失败。精力充沛的演说家是优秀的，也是能够吸引听众的，我们要在精神上做出准备就是要让自己看起来风度翩翩、神采奕奕，并且让整场的演说没有丝毫的遗憾，让全场的听众认为我们的演说是物超所值。这才是一个演说家应该尽到的责任。

如果明天就有一次非常重要的演说，而我们的心里非常紧张，反反复复地复习演说材料，结果晚上两三点钟才上床睡觉，那么在第二天的演说中，一定是精力不济的。所以，为了演说的成功，我们必须准时睡觉，保证自己有充沛的精力来完成演说。一般情况下，造成我们在演说中精力不济的原因主要有两点：

（一）工作过多，过于疲劳

演说家每天的工作量都是非常大的，往往是一场演说接着一场演说，根本没有休息调整的时间，所以就出现了演说家由于工作繁忙而过度疲劳的情况。要解决这些问题，我们就必须学会放松自己，做到劳逸结合，我们应该知道休息是为了更好地工作。如果我们处于疲劳状态，那么我们的演说又怎么可能精彩而出色呢？

（二）精神紧张，睡眠不足

演说家在演说前感到精神紧张是一件正常的事。因为无论我们演说过多少场、有过怎样的演说历练，对于下一场演说还是没有百分之百的把握。虽然因为紧张而不休不眠地做准备工作证明了我们对工作的认真负责，但是也说明了我们作为演说家的不成熟。因此，在演说前，演说家要充分地放松精神，让自己有高质量的睡眠，从而完成一场精彩而出色的演说。

三、心理上的准备

除了情绪和精神上的准备外，在演讲开始前，我们还要做好心理上的准备。

（一）心理暗示活动的意义

心理上的充分准备，需要通过一定的心理暗示活动，例如，可以对自己大声地说"一个能够站在众人面前从容不迫、侃侃而谈的人，必将前途无量"，或者说"驾驭演说让生命远航"等，通过这些暗示性比较强的话，可以让自我心情澎湃，产生更强的演说欲望，也就会在脑海里根植一个表达意识的意念，把这些理念进一步地输入脑海，就会让自我从现在开始非常注重口才。

心理暗示是人对自我的潜意识的定位，心情舒畅就能阳光灿烂，就更容易达成追求的目标。语言是生产力，所谓"干得好还要说得好"就是这个道理。如果说"只说不干的人是嘴把式，只干不说的人是傻把式"，那么"既会干又会说的人才叫真把式"。例如，有一则报道问最值钱的是什么？回答是人才。怎样才算是人才？回答是口才。当然，这里说的口才是表示有真知灼见，而不是胡吹乱侃。

（二）心理暗示活动的学习态度确认

毛泽东主席曾论述过"战略上藐视敌人，战术上重视敌人"的问题。演说是每个人必须面对的重要交流手段，但演说并不难，通过训练一定能取得进步，这需要信心和自我激励。为了使自己产生非常强烈的心理暗示，需要对自己的学习态度进行确认，这可以通过自我言说来产生。例如，可以将下面的语句默默地说给自己听：

（1）豁出去了，反正死不了！

（2）只有完美的练习，才能有完美的结果。

（3）今天放下面子，明天才能更有面子！

（4）开口，开口，再开口！

（5）实践，实践，再实践。练！练！练！

（三）心理暗示活动的学习宣誓

心理暗示之后，还可以通过更进一步的强调来强化这些暗示，不断地说的过程更可以锻炼唇齿的配合，所谓"一样的话百样的说，才会有不同的结果"，通过不断地唠叨，自己的训练欲望就会高涨，学习也就更容易取得成功。心理暗示活动的学习宣誓可以有以下几种：

（1）我非常珍惜这次学习机会。

（2）我会按要求完成所有规定课程。

（3）我相信通过这次学习，我的演说能力一定会大大提高！

（4）我会牢记中国公民"爱国守法、明礼诚信、团结友善、勤俭自强、敬业奉献"的基本道德规范，做一个堂堂正正的中国人！

演说的规则——演说大师的独家智慧

　　一场精彩而出色的演说就是一次演说家的真人秀。我们不仅要秀出演说家的智慧和风格，也要秀出演说家的风采和口才。在整个演说过程中，在全场起到主导作用的就是演说家。所以，我们要从声音、语速、语言、表达能力等方面来提升我们的现场人气，赋予演说强烈的个性和活力，将我们全部的思想和精力投入到演说中，在获得听众信任的同时激发出听众的热烈情绪，这才是演说家的真正智慧所在。

挑战自我，我能行

尊享故事
　　我敬佩杨林老师军人的风骨与毅力，自从2013年8月我成为他的助手开始，我便感觉我们像兄妹一般。

　　我最感谢的是杨林老师给我机会，帮助我成长。曾经的我是多么不自信的一个人，戴着牙套、又不化妆，整个人没有任何光环。从一个懵懂的女孩变成今天无数人的榜样，是杨林老师一路帮我清理各种障碍，捡起大大小小的"玻璃碴"，让我轻松前行！记得在之前公司的时候，一场百人的舞台，杨林老师就帮助我申请客串主持，想方设法添上我的名字。他告诉我舞台的感觉，只有自己经历过，才能切身体会到。

2014 年 5 月 20 日，湖南怀化有一场单独企业内训，杨林老师让我和于争荣师兄两人去，不管我怎么恳求他也同去，哪怕只是坐在后面，不用他发言讲话，他依然拒绝。他说，只要我和师兄于争荣不被轰下台，就是成功。我知道他内心其实还是不放心我俩的，那天我俩培训完，向他汇报完毕，听说他很兴奋，在健身房跑完 5 千米只用了 20 分钟。

作为一名主持人，我最有成就感的一次就是 2016 年 10 月 12 日那场，它让我真正体会到主持的意义：作为一名主持人，不仅仅是调动现场氛围，还要予人真实感、可信感，把老师塑造到无价，协助会议更好地收人、收心、收金。

我们听了很多魅力演说的课程，不管是"商务智慧"教会我们如何去说，还是"导师智慧"教会我们如何去教，我觉得最棒的，还是"销讲智慧"的一对多的上台去销讲销售，因为那所谓的有智慧的人，掌握了资源的人，他们无形地都会站在台上收人、收心、收金，这也就是无形当中的销讲。

现实中让我觉得最厉害的销讲人非杨林老师莫属，记得2015 年在三亚的时候，同样在海棠湾，一个五星级的酒店，现场来了一千多人，当时杨林老师上台讲了三十分钟的课程，现场的收金就达到了八百多万，然而 2016 年我真真正正见到了什么叫"谈笑间，樯橹灰飞烟灭"，同样的也是在海棠湾，2016 年 9 月，杨林老师把销讲已经诠释到了一个无可比拟的境界，因为他一上去，还没有讲课，开口就说："你们先把钱给刷了！"这种不销而销的境界已经到了让我顶礼膜拜的程度了。

"我什么都能放弃，就是不能放弃舞台和麦克风！"我永远不会忘记杨林老师这句话。他就算肾结石痛得撕心裂肺也依然坚守讲台；他被鱼刺卡住喉咙，带着鱼刺也能把课程从中午讲到晚上。我或许是被杨林老师最宠坏的一个孩子，但除了我父亲，他是最值得我心疼的那个男人！

杨林点评

长炼在尊享成立之前就是我的助手，现在她是尊享文化联合创始人、执行 CEO。她从月工资 1600 元到现在有车有别墅，年纪轻轻就能实现这一切，这可是很多人都不敢想象的。

她立下宏愿，要用毕生的智慧和能量为上万家企业服务，创造价值；打造一支 50 人以上自发运转的超级主持战队，为尊享的发展打下坚实的基础。

在她取得骄人成绩的背后，我确实感到无比的欣慰和自豪，而且我的内心比她更有触动，比她更开心、更快乐，我每次看到她的绽放，我都热血沸腾。

我记得在 2015 年 5 月 20 日，长炼第一次在脱离我的情况下去演讲，现场那些上市公司的老板们都给了她很高的评价，我听到这个消息真的是特别开心、快乐。我去健身房，用 20 分钟的时间跑完了 5 千米，从这，你就知道我有多开心了。这是我年轻的时候在部队里的最佳成绩，我现在年过三十竟

然还能用 20 分钟的时间跑完 5 千米，这完全超乎我的想象。

衷心高兴地看到自己栽培的人得到了突破、成长、改变。她对自我的力量的这种诠释，让她更能单独地去完成一项任务，所以，成长真的是非常重要的。

一、高亢的声音

高亢的声音是演说过程中的第一大策略。演说在刚开始的时候，我们就需要用高亢的声音向全场的听众致意、问好。高亢而愉快的声音能够给听众带来愉快的心情，可以在听众的心中瞬间树立起我们开朗、明快的形象。

作为一名演讲家，让每一个听众都清楚地听到我的声音是一种基本礼貌，也是吸引听众注意力的有效方法。如果我的声音不是高亢嘹亮，那么听众也会无精打采，这种情况直接影响演说的现场气氛和演说效果。

演说本身就是一种声音的艺术，也是一种用声音来传达理念和思想的能力，而声音的高低直接影响到演说家的感染力、影响力以及现场听众的注意力和接受力。也就是说，我们用高亢的声音来完成演说就能够清晰、明确地传达出我们的情感以及演说的内容，并且可以让我们的听众用愉快的心情去接受。

演说中对于声音的运用不是一朝一夕的事情，我们要不厌其烦地练习，逐步找到最适合自己的声音高度，来支撑更多的演说需求。

总的来说，高亢而明亮的演讲更能体现出演讲者的声音魅力。即使演讲者的形象并不出众，但有了高亢而明亮的声音同样可以令人折服。

实际上，这种高亢而明亮的声音是由后天的练习形成的。我曾经拜访过一些有名的演说大师，他们经过长期的练习和演说，能够很好地将声音调整到一种合适的高度，既不损伤自己的嗓子，又能让在最后一排的听众听得清楚。因此，在演说之前，我们不妨练习出自己高亢而明亮的声音。练声也就是练嗓子，在生活中，我们都喜欢听饱满圆润、悦耳动听的声音，而不愿听干瘪无力、沙哑干涩的声音，所以锻炼出一副好嗓子，练就悦耳动听的声音，是演讲者必做的工作。

在这里，我介绍一种练声的方法，第一步练气，俗话说练声先练气，气息是人体发声的动力，就像汽车上的发动机一样，它是发声的基础，气息的大小对发声有着直接的关系，气不足声音无力，用力过猛，又有损声带，所以我们练声，首先要学会用气。第二步练声，我们知道人类语言的声源是在声带上，也就是我们的声音是通过气流振动声带发出来的。

二、明快的语速

明快的语速是演说过程中的第二大策略。当我们精神饱满地走向演说台的时候，用明快的语速和现场的听众问好，愉快地问出一些暖场的问题。比如"想健康的人，请举手，我确认一下。""想快乐的人，请举手，我确认一下。"明快的语速加上我们愉快的表情就会给现场听众一个精神振奋的开头，让大家都保持一个轻松而欢乐的情绪。

总的来说，明快的语速能够使演讲达到很好的效果。明快的语速要求演说者带有饱满的热情和一种迫切想与听众进行分享的心情。明快的语速，自然不会让听众感到丝毫的倦怠，反而会更加聚精会神地聆听你的演讲，并做出积极地回应。

明快的语速是我们在演说中能够运用的武器，它可以让听众信服我们、关注我们，让我们更加自信，并将正常演说都把控得准确到位。语速的快慢都是为了演说而服务，我们需要记住一点：语速必须有力量才能够保证目标达成。

值得注意的是，除了要求语速明快，演讲也需要抑扬顿挫，让演说富有感情和穿透力。听众真正想要的语速，不仅有"高峰"，也有"低谷"。为此，我们不妨读一些诗词来感受语速的魅力。我们在平时训练的时候，不妨找来一篇演讲词或者一篇文字优美的文章。每次演讲的时候用录音机记录下自己的声音，不断调整，直到自己的语速达到自己想要的那种效果。

三、最清晰的语言

最清晰的语言是演说过程中的第三大策略。最清晰的语言不仅是单纯的语言表达的清晰度，也是指语言能够清晰地表达演说家的思想和意思。演说中语言运用的清晰程度是以用词的准确度来衡量的。我们的用词准确度决定了听众接受演说内容的多少，选择那些不会产生歧义、通俗易懂的词语可以让听众在第一时间里就明白我们要表达的意思，而不用费力去辨析和猜想。

在我的演说中，我从来不用过多的修饰词语，也避免用一些会产生歧义的词语。在整个演说的过程中，我会让我的语言简洁明快，最重要的是我的语言随时随地都充满逻辑性。如此一来，听众在接受我演说内容的时候，不会因为几个晦涩难懂的词语而影响对整句话的理解。

我会选择那些让人听起来很舒服的词语并且尽量让我的语言可以激发出听众最大的想象力。听众的想象力会无限地增强我的演说效果，而我习惯用一些简短而有说服力的语言，因为这样的语言一方面可以调动起听众的内心情绪，另一方面也可以将演说的内容清晰地表达出来，并获得听众的信服。

演说家和听众之间最好的沟通桥梁就是最清晰的语言，它在表达演说家的情感和内容的同时，也为听众留下了不可取代的财富和信息。

演说的禁忌——错误让演说功亏一篑

优秀的公众演讲主题鲜明，振奋人心，更能为听众带来精神上的享受。能够像演说家一样在台上侃侃而谈，是很多人学习演讲的目标。舞台背后是否准备与辛勤练习，更是决定了台上几分钟演说是否精彩。而所有的努力与付出，都是一个又一个小小细节组成的。然而每一种职业都有自己的禁忌，演说也不例外。

魅力演说，成就人生

尊享故事

我是一个小学读了8年，高中没毕业的农村孩子，对于改变自我命运的渴望程度，估计很少有人比我更强烈了。

进入美发行业两个月后，我听说有个课程可以改变命运、实现价值，于是欣然前往，这便是我与杨林老师的第一次结识。

听完那天的课程，我心潮澎湃，我觉得如果有一天我像杨林老师一样，我的价值也就实现了。

我也开始跟店里的师傅、同事分享，分享我们年轻人的梦想是什么，我们打工的目的何在，怎么光宗耀祖，怎么实现人生价值……持续不断地分享，从一开始很多人拒绝，到后来大家都变得慢慢接受了。等到我辞职创业的那天，竟然有7个人愿意跟随我。

步行街的店面租金太贵，于是我们在有8000多名女生的长沙女子大学旁边开了家美发店。想要把生意做强做大，一个人学习还不够，需要的是一个团队去学习。如何从一家店开成两家店、三家店到连锁经营，杨林老师告诉我的是两个字"学习"。所有的成长，所有的成功，都可以通过持续不断的学习来达成。2008年，我由一家店开成七家店，收益额从一个月三万左右到半年上百万，这些都是学习带给我的成果。之后我办起了礼品文化公司，因为选购的产品不合格等问题，我遭受了巨大的亏损。门外汉的经营方式，也只是苦心经营罢了。2014年，在朋友安排的一场饭局上我又与杨林老师碰面，第二天接着喝茶，聊天，畅谈时下的中国经济趋势。第三天……第四天……谈晚了杨林老师就亲自开车送我回家，几天后还送了我一个普拉达的包。我能够感觉到杨林老师的这种哥们义气，杨林老师对我说的也是一个人要有大爱，要去帮助更多的人。他自己愿意帮助1000位企业家成为演讲家，而且说到做到，于是我决定关闭我自己的公司，加入尊享。

"没梦想的人为有梦想的人实现梦想，有梦想的人为有格局的人完成使命。"我愿意成为杨林老师"大爱"的追随者！

杨林点评

什么叫命运？在人的一生，我们要深深地明白，要想创造更好的结果从一开始就要有正确的观念、良好的态度、坚定的信念，有一个好的行为才会有一个好的结果，最终得到自己想要得到的命运。那么什么叫命运呢？就是把自己的命握在自己的手中，运得好，命运就好，运不好，命运就差。如何能把自己的命运运得更好呢，记住一点：自学成才的人有很多，但他们毕竟是少数，在通往成功的路上他们也要花费很多的时间，那么，如何才能使成功的速度加快呢？借鉴别人最终实现成功的有效方法。

李艺是尊享盛世集团董事，尊享文化股东、运营CEO，在灵魂深处，我们大概已经彼此了解，彼此依赖了。

在他经历二次创业失败后，他一度认为自己只能放弃梦想，接受失败，但魅力演说改变了他的命运，让他重新面对自己的人生，走出阴影。

"我们的市场营销是实战！我们的管理风格是实战！我们的核心竞争力是实战！我们的战略蓝图是实战！一切始于实战，若没有实战就没有伟大的商业帝国。"

通过魅力演说，他发现企业的发展靠的是人才，我们不仅要选出目前需要的人才，还要培养将来做领导者的人才，一个优秀的企业家总是不失时机地把对职员的培养和训练摆在重要的议事日程当中。

走进尊享，一个小学读了8年的人都能发生翻天覆地的变化，相信你也可以！

一、过分依赖于手稿

曾经见过不少演讲者，缘于对演讲内容的生疏，便将手稿直接拿来朗读。如此，一场震撼人心的演讲可能就会变成一场无聊的学术报告。无论你的内容准备得多么充分，都会变得索然无味。在听众看来，过分依赖手稿的演讲者，肯定出于下面两种原因：

（1）准备得不够充分。听众会认为这是小学生都会做的事情，对于一个演讲者来说是没有任何特色、没有任何进步的表现。

（2）性格上存在缺陷。从一个人的声音、态势中就可以看出一个人在生活中是一种怎样的状态，也间接反映了演讲者胆怯、不够自信的一面。

因此，我们要提前熟悉我们演讲的主题、框架和细节，经过反复地练习，尽量避免过分地依赖于手稿。这样，听众不仅会敬佩你的卓识和远见，更会折服于你的胸有成竹和运筹帷幄。

二、不懂得幽默

在演讲中，具备幽默的品质，不仅可以放松听众的心情，也会让我们的演讲更加有趣、充满活力。具有幽默感的人，演讲的效果不会太差。当听众捧腹大笑之后，更容易融入到演讲中，同时，对演讲者也多了一份亲和力。

三、不懂得宽容

法国作家雨果有句名言："世界上最宽广的东西是海洋，比海洋更宽广的是天空，比天空更宽广的是人的胸怀。"作为演讲者，一定要懂得宽容。

一场成功的演讲需要演讲者和听众的融洽相处，应尽量避免与听众有任何的矛盾和冲突。这也是每一个演讲者必备的素养和道德。如果触犯了这个禁忌，那么，迎接你的不再是鲜花和掌声，而是听众的反感和排斥，甚至因为争执不欢而散。到那个时候，再想请听众回来就不太现实了。

四、缺乏时间意识

演讲者一定要对自己的演讲时间做到心中有数，不宜拖延时间，也不宜过早结束。为此，我推荐两个有效的方法：

（一）准备一只手表，放在自己能够看得到的地方

演讲时，配备一只手表是允许的。同时注意两点：避免高频率，避免长时间。避免高频率是指过于依赖手表而干扰了演讲的思维，最终影响了演讲效果；避免长时间是指察看手表的时间过长，或者长时间盯看手表，会给听众一种不够耐心、赶时间的感觉，自然也会影响演讲的效果。

（二）请听众席的好友向你发出提示暗号

提前邀请一位好友辅助你的演讲，在恰当的时间给你做出一些提示和暗号，有助于你掌控时间，更加灵活自如地进行演讲。

五、豪言空谈

空谈是言之无物，空空洞洞。那些不结合当时、当地的历史现状和实际的情况太多了。有的单位一年一度的总结会议，会议的开幕词用的陈年的讲话稿，只把第一届改成第二届，第三次改成第四次，内容照旧，年年如此，这就是空对空的典型例子。

六、杂乱无章

有人的讲话材料过于庞杂，讲起来又杂乱无章，像开无轨电车，开到哪里，算到哪里，叫人摸不着头绪。还有的不合逻辑，妄加论断；或者不顾事实，主观臆断。上台来，不问青红皂白，哇啦哇啦一通讲，这也是某些官僚主义者的病症。

七、冷漠乏味

有的人讲话时毫无表情，呆若木鸡，甚至肌肉绷紧，脸色铁青。缺乏说话情趣，语调淡，没有抑扬顿挫、真情实感，讲话乏味，叫人怎不打瞌睡？

八、艰涩冗长

有人讲话用的是书面语言，使人感到艰涩难懂。毛主席曾批评这种现象，"一个演说，颠来倒去，总是那几个名词，一套'学生腔'，没有一点生动活泼的语言，这岂不是语言无味，面目可憎，像个瘪三吗？"因此，要尽量避免使用书面用语，更不要用"文夹白"，要用口语，善于用简单明了、听众易懂的语言讲话，坚决抛弃晦涩难懂的术语和外来的字眼。文章贵短，讲千方百计也应该长话短说。

九、失言失态

有的人演说时会有"口头禅"，诸如"啊""是吧""怎么样"，等等。

讲话要讲效用，"口头禅"成堆，"啊啊"连篇，让人听了也为他感到难受，只能起消极作用。有的人讲话不了解听众的职务、水平，不注意会议的环境和背景，甚至不顾及本人的身份和在会议上的地位，这就难免在内容、措辞、语气口吻等方面不妥善、不贴切、不礼貌、不恰当，这就更要加以注意了。

十、故弄玄虚

托尔斯泰说："真正的艺术永远是十分朴素的，明白如画的，几乎可以用手触摸到的。"演说语言要力求通俗化、口语化，如不考虑听者的接受能力，用那种文绉绉、酸溜溜的语言就既不亲切，又艰涩难懂，往往事与愿违，弄得不好，还会闹出笑话。

十一、方言俚语

演说按照内容的需要，针对不同的对象，应使用不同的语言形式。但要注意，由于我国面积广大，方言众多，欲使演说通俗易懂，明白晓畅，交流顺当，还有个改变家乡音、推广普通话的问题，否则就会出现语言障碍。因为一个国家语言标准化、规范化的程度，往往反映这个国家的文明程度。

演说不成功的原因——你离成功演说只差一步

每个演说家都会遇到事业的瓶颈期，在这个期间我们会对自己所从事的演说行业产生疑问。我们觉得自己已经很努力了，每天也都过得很辛苦，但是我们就是没能成为演说大师，我们离成功似乎只是差了一步。

突破自我，做更好的自己

尊享故事

我叫雯淇，是一个来自湖南常德农村、在长沙干了20年的餐饮工作者，我曾经是一个什么都不怕，就怕上舞台，什么都不恐惧，只恐惧舞台，一上舞台头脑便一片空白，十分没有自信的人。但在2016年4月的一次偶然机会，源于我15岁儿子一个想学演说的想法，我走进了尊享演说练习课堂，当时我就被杨林老师的课程所吸引。记得杨林老师说过："做恐惧的事，让恐惧的心消失不见！"就是这样的一句话给了我一次次敢于挑战舞台的信心，敢于上几百人的舞台做主持，做分享！

我更要感谢杨林老师的是，我小孩丁方伟上了今年暑假的魅力演说青少年成长智慧课程后，不仅提升了舞台演讲能力，同时也放大了他的梦想，开始让他懂得了什么是责任与担当，什么是领袖思维！从小学到初中从没主动向老师申请过当班长的他，上了青少年课程以后，高一入学便主动向班主任申请做班上的班长，为的就是从现在开始，锻炼自己的领导能力。他不仅对未来有了明确的目标，并愿意为此目标不遗余力！

下面是我儿子丁方伟的一封公开信：

舞台永远是留给敢于突破自我的人，留给敢于绽放自我的人的。每个人都应敢于演讲。倒不是说演讲一定是每个人的核心技能，而是它已成为生活的一部分、事业的一部分，是每个精英人士必备的素养。对于这个世界我一直都有我自己的想法，有我的理想，有我的价值追求。由此我告诉自己，一定要变得更加优秀。我反复琢磨社会上一些精英阶层身上的气质并借此向他们学习，我发现了他们共有的一个特点——公共演说，于是我向母亲提出了学习演说的要求。从此，我便开始跟随杨林老师学习。

杨林老师在我眼中是非常优秀的人，他的课堂也不只是包含演讲技巧，而是多方面、多元化的，在教授演讲技巧的同时他也鼓励我们上台展示自己，譬如"今天你上台次数就是你明天成功的速度"，等等。他还告诉我们许多生活中、未来事业上的道理。

　　　　杨林老师是我长期的榜样，我将紧随他的步伐，继续努力
向他学习！

杨林点评

　　很多家长以为："孩子学吧，我已经老了，就不用学了！"这是极大的悲哀，因为你要知道一句话："父母好好学习，孩子天天向上。"你没有好好地学习，你怎么知道如何教育小孩？你怎么知道如何配合老师教育小孩？你怎么知道你需要更加正面、积极和阳光？你怎么知道如何与孩子沟通相处？小孩不仅仅在外面需要同学、朋友，他在家里更需要父母！切莫让青少年的悲剧再一次次地重演了，父母们！

一、没有自信就别想成功

　　树高千尺不离根。假如我们把讲坛上妙语连珠的演讲家比作百花园里的一朵朵鲜花，那么它扎根的沃土就是人的心理、思想、艺术以及知识等素质，如果离开了人的这些素质，演讲家也就成了一朵朵永不会绽放的花儿。

　　从某种意义上讲，演讲家的心理素质一般都优于常人，良好的心理素质不是天生的，需要后天的培养和锻炼。能言善辩的心理素质训练和培养包含很多方面的因素，我们重点介绍以下三个方面。

（一）自信

　　因为害怕演讲出错，所以心情越来越紧张，结果越紧张出错越多，久而久之形成恶性循环，只要是在公开场合面对多人讲话就会患上演讲恐惧症。演讲恐惧症不仅存在于社会新人中，许多精英人士也有演讲恐惧的困扰，这些原本信心满满的成功人士因为演讲恐惧症而变得自卑、胆小，给事业造成了很大影响。

相信生活垂青于自信者。要勇于面对自己的恐惧，承受恐惧。只允许那些积极的想法在脑海中存在。列出自己的优势，并相信这是你的财富。只穿让你自信的服装。敢于说"不"。坦然地接受别人的赞扬。眼睛能与别人直视。保持头部直立，走路和坐立都不要让自己松懈，运用自信的身体语言。用坚定果断热情的语气说话。不要自我贬低，不要说不利于自己和他人能力的话，不要过分谦虚。不要狂妄自吹，不要贬低他人，不要怨妇般地抱怨生活中的一切。

（二）自控

冷静，是使人们的智慧保持高效和再生的条件。因为只有在头脑冷静的情况下，人们才能迅速认准并抑制引起消极心理的有关因素，同时认准和激发引起消极心理的有关因素。例如，社交中演讲者在遇到听众不愿听或提出责难的情况下，要想对恐慌和不满情绪加以抑制，就只有通过冷静的分析，找到真正的原因是在听众方面还是在自己方面，具体原因是什么。脑子不冷静，不知道怎样控制自己，就发现不了问题，场面就会失控。所以，口语交际中不论出现什么情况，首先需要的是沉稳、冷静。

只有冷静，才会有适当的自控。

英国首相威尔逊在一次群众大会上演讲时，反对者在下面鼓噪，其中一人高声大骂："狗屎、垃圾"，面对听众可能产生的误解和骚动，威尔逊首相沉稳地报以宽厚的微笑，非常严肃地举起双手表示赞同，说："这位先生说得好，我们一会儿就要讨论你特别感兴趣的脏乱问题了。"捣乱分子顿时哑口无言，听众则报以热烈的掌声。

（三）自强

对于一个说话高手来说，其自强表现为不怕失败，不怕打击和挫折，敢于和善于从口语交际失败中一次次崛起，敢于和善于从挫折中一次次挺直腰杆走上讲台，有意识地在顺境、逆境、胜利、失败等各种情境中经受锻炼和考验，以此来培养自己坚强的韧性。古代的思想家孟子说过："天将降大任于斯人也，必先苦其心志，劳其筋骨，饿其体肤，空乏其身，行拂乱其所为，所以动心忍性，增益其所不能。"宋代大文豪苏轼也说："古之所谓豪杰之士者，必有过人之节。人情有所不能忍者，匹夫见辱，拔剑而起，挺身而斗，此不足为勇也。天下有大勇者，卒然临之而不惊，无故加之而不怒，此其所挟持者甚大，而其志甚远也。"这些古训，对于今天人们训练意志和坚强品德，仍有很强的借鉴意义。

培养自强不息的精神，关键是要正确地看待失败。一次失败是人生的一杯苦酒，但不是人生的彻底失败。一个人难免会有失败的时候，只要他不甘于失败，不气馁，以积极的态度分析原因，吸取教训，坚持不懈地讲下去，就会从失败走向成功。法国思想家蒙田说过："最勇敢的人有时是最不幸的人，因此就有傲然抗衡胜利的意气扬扬的失败。"戴尔·卡耐基说："一个人要善于从失败中培养成功。障碍和失败，是通往成功的两块最稳靠的踏脚石。若肯研究它们、利用它们，便没有别的因素更能对一个人发挥作用。且回头看看，难道你不见失败在那里帮助过你吗？"他还说："是失败使骨头紧硬；是失败化软骨为肌肉；是失败使人不可征服。"这些话对人们培养自己的自强心理，是很有启发的。

二、好口才是锻炼出来的

没有人天生就口才好、能言善辩的，即使是令人钦佩的名嘴或演说家，也不是在任何场合说话都能赢得满堂彩。说话和其他的才能一样，要日积月累，不是一步登天。口才好的人也是在一次又一次的经验中借着观察听众，逐渐掌握技巧，不断提升自己的说话能力。说话是为了让他人能了解自己，借谈话来取得互信和互谅。如果你认为对方无法了解你的意思，就不去花时间和心力和他交谈，那么这就表示你并不了解说话的功能。

狄里斯在西欧被称为"历史性的雄辩家"。据说，他天生声音低沉，且呼吸短促，口齿不清，旁人经常听不清他在说些什么。当时，在狄里斯的故乡雅典，政治纠纷严重，因此，能言善辩的人格外引人注目，备受重视。尽管狄里斯知识渊博、思想深邃，十分擅长分析事理，能预见时代潮流和历史发展趋势，但是，他认为自己缺乏说话技巧，容易被时代所淘汰。

于是，他经过一番周密细致的思考，准备好了精彩的演讲内容，第一次走上了演讲台。不幸的是，他遭到了惨重的失败，原因就在于他声音低沉、肺活量不足、口齿不清，以至于听众无法听清楚他所言何事、何物。但是，狄里斯并不灰心，他反而比过去更努力地训练自己的说话能力。他每天跑到海边去，对着浪花拍击的岩石放声呐喊；回到家中，又对着镜子观察自己说话的口型，做发声练习，坚持不懈。狄里斯如此努力了好几年，终于功夫不负有心人，再度上台演说时，博得了众人的喝彩与热烈的掌声，并一举成名。

林肯为了练口才，徒步30英里，到法庭去听律师做辩护，看他们如何辩论，如何做手势。然后一边倾听，一边模仿。他还曾对着树、树桩、玉米地练习口才。

日本前首相田中角荣，少年时曾患有口吃病，但他常常朗诵、慢读课文。为了准确发音，他对着镜子，纠正嘴和舌根的部位，严肃认真，一丝不苟。

由此可见，只有刻苦勤奋、坚持不懈地努力练习，才会获得令人惊奇和瞩目的成功。因此，我们不应该放过任何一次当众练习讲话的机会。

三、学会问问题和互动

提问和回答问题是一个演说家的基本功，让听众参与到自己的互动中来更是每一个演讲家在每一场演说中都必须用到的演说技巧。

掌声和鲜花是我们在舞台上最好的享受。一方面，我们要学会给别人掌声。其实，当我们演讲时，给予别人的掌声就是给予自己的掌声！比如，在台上我们轻松自然地讲一句："给这位提问的先生一个热烈的掌声"，大家欣然鼓掌，虽然掌声是给别人的，但你是主讲人带动了气氛，其实掌声就是给你自己的；另一方面，我们要学会要掌声。很多同学上台演讲时，声音很动听，表情很丰富，内容很精彩，表达很流畅，就是没有气氛——因为不会要掌声。要掌声就要放下自己；要掌声就要敢于自我嘲解；要掌声就要敢于"赤裸裸"地说出来。比如，讲一句"我很紧张，请大家给我点儿掌声鼓励一下""请大家再次为我掌声鼓励一下"等都是比较适用的语言。当我们在演讲中能够赢得掌声时，就表示我们的演讲气氛达到一个高潮。真正的演讲高手，会在演讲过程中设计很多高潮点，带动听众的情绪，这样的演讲才精彩纷呈！很多的名人在演讲中有时掌声达到数十次之多！

人人都是演说大师

　　站在人生的演讲舞台上，每一个人都能成为自己的演说大师。因为在人生的演讲舞台上，没有演说家和听众的区别，也没有普通人和演说大师的区别。我们要做的就是时刻准备着，登上人生的演说台，成为自己思想的传播者。我们不但要成为出色的演说者，而且要在生活的大舞台上，发出自己的声音。

每一个人都能成为演讲大师

尊享故事

　　我是杨林老师的首席大弟子，在公司负责尊享人才复制，也在演讲台上专注青少年教育。过去的我几乎是不会上台演讲的，杨老师能把我教出来，你也一定可以。

　　首先，要跟对贵人。如果我没有跟随杨林老师的话，我需要走的路也许会更曲折。杨林老师不光自己实现目标，他还帮助我实现梦想。记得演讲培训的时候，他总是鼓励我多上台去讲，总是给我发表自己想法的机会，内向害羞、跟女孩子说话都会脸红的我，已经多次在千人舞台演讲，从不会演说到学习杨林老师魅力演说计划所有课程，现在每次重要课程我都会跟恩师杨林老师同台。从一个不会销售到学会一对多批发销售，从不会管理到复制人才持续打造特战队，我的改变是很明显的，我已持续5年成为集团冠军。杨林老师教会我要感恩，回馈帮助你的人，目前，我已以父母的名义捐助了希望小学。杨林老师还鼓励我开设自己的课程，如"特种兵销售团队训练营""招商导师密训""招商路演练习会""与孩子共同成长"等，我还与杨林老师共同主讲了"魅力演说，成长智慧"青少年训练营等课程。

其次，选对环境。2009年9月我听完杨林老师的一次演讲与他结缘，月底正好有一个销售"乔·吉拉德长沙见面会"演讲门票的机会，我决心挑战自我。而作为一个新手的我，学会杨林老师的销售课程后持续行动，持续拜访，那时候我的动力源是父母，如果达成第一名，我就可以带父母坐飞机参加国外游。我每次在课程中一定会跟大家分享"什么都可以等，唯有孝顺和成长不能等"。我母亲35岁才生下我，父亲是老军人，参加过抗美援越，受过军功。父母结婚15年都没生孩子，受了很多气，生下我后给我取名叫争荣，寓意为：要给于家争口气，成为家族的荣耀。让父母出去旅游的信念一直支撑着我，最终，我成为了那次乔·吉拉德演讲大会门票销售的冠军。因此，在学习中我永远会保持积极正面的状态，努力实现一个个目标！

再次，要交对朋友。我要感谢很多客户对我的认可和支持。感谢一直帮助我和支持我的海斌酒业的唐群霞和张海斌；感谢宁乡特步何德全夫妇，首信内衣何总，红星尔克雷总，小玲童装何总，多乐士油漆林总，任我行李总，潮流前线杨总的支持；感谢郴州霞霞美容秦总对我的信任，也感谢真家伙水电的余总和夏总在我参加安东尼·罗宾演讲时借我学费；感谢宁乡楚天科技唐岳亲自为我写信激励我；感谢能和尊享战略合伙人和股东一起成长；也感谢能跟王林教授交流，这一切都是因为在教育平台上的结缘，王林教授说过："你把自己交给谁，你将成为谁。"

任何行业都可以挣钱，没有一个行业比可以帮助别人更有意义——所以我决定终身选择教育行业。希望未来能成为教育家，捐助 1000 项希望工程，站上舞台让更多家庭幸福，让更多人事业繁荣。

杨林老师曾经跟我说："你持续得到了冠军，你自己成为了榜样，你不拿出来分享真的太可惜了。"至于内向的人容易学演讲还是外向的人容易学演讲，他说当然是内向的，因为内向的人讲的更真实嘛！所以当我可以演讲好时，我也就可以帮助更多的人，实际上我就是被打造的榜样。

我曾在火车站发表过演讲，在公交车上发表过演讲，那个时候我时常背着"小蜜蜂"，走到哪就讲到哪。有被人嘲笑，也有人支持，有得到掌声，也得到过骂声，但是我依然坚持。一路走来，有辛酸，有感动，也有收获。走到现在，我已经成为尊享公司的原始股东，成为尊享商学院的院长，成为大家心中的于老师。在这儿我要特别感谢杨林老师对我的教导。

要知道投资什么都有风险，唯独投资大脑没有任何风险。我不仅上杨林老师的所有课程，还持续自费学习。要相信任何人都肯为重要的事情花时间。

2011年和2012年，世界顶级激励大师约翰·库提斯和全球畅销书《心灵鸡汤》作者马克·汉森亲自颁奖给我，这对年轻的我是极大的鼓励。

2012年上了安东尼·罗宾的课后，我才清晰地知道自己未来的发展方向。我把自己定位为辅导孩子，做青少年教育。因为我已经了解未来的发展趋势，未来如果很多人的企业成功了，但他们家里的孩子教育不好，他们一辈子都不会开心的。一个人事业再成功都弥补不了孩子教育的失败。要把孩子培养成财富而不是把财富留给孩子。家长们要知道："父母好好学习，孩子天天向上！"

2013年参加世界情感专家约翰·格雷的课程让我学会了经营家庭。

2016年参加演说家吉姆·卡斯卡特的学习后，回来除了练习演说外我还加倍练习吉他，只为了能多才多艺，从而更好地进入孩子的内心。

总之，立志一辈子要成为教育家、演说家、投资家及青少年教育传承者的我，感谢杨林老师和尊享平台持续给我上台讲课的机会，让我不断学习，成为更好的自己。

杨林点评

争荣是我的大弟子，一位青少年教育专家。我坦白讲，他绝对不是一个有天赋的演说家，但是他的后天努力，他的勤奋，他的坚持，是有目共睹的。他在大学期间创办舞缘艺术学校，后来因为乔·吉拉德的活动，获得了那次乔·吉拉德演讲大会门票销售的冠军。

争荣的座右铭是："什么都可以等，孝顺不能等。"为了报答自己的父母，他努力在销售行业做到更好，实现带父母国外旅游的梦想；在公司的支持下，他为母校捐献了一所"希望小学"。从不敢讲，到爱上讲，再到懂得讲，他要把爱透过魅力演说传播得更广更远！

争荣的成功不是因为他有多大的能力，而是因为他有多大的决心。他做任何事都会想方设法去做到，证明给更多的人看。他的目标设定一个，达成一个。所以几年前，在他还很年轻的时候，他就拥有了他人生当中该有的房子、车子、票子、妻子和孩子，他现在已经是"五子登科"了。

一、每个人都能成为出色的演说家

演说是对生命存在本身的庆典！真正的演说，就是让你成为一根管道，自然而然地流淌出你的意识。"演说家，都不是天生的。"专家们都喜欢这么说。我的回答正好与他们相反：人人都是天生的演说家！而且，人生下来就有可能成为伟大的、独一无二的演说家！

在21世纪的今天，一个高速发展的商业社会，要宣传自己的产品、文化，一对一的沟通方式已经落伍了，更多的是要"一对多"，才能效率倍增、人脉倍增、影响倍增。作为一名优秀的企业家，你可能经常需要激发士气、描

绘愿景、凝聚人心、接受采访、化解矛盾、竞选述职、产品宣传、主持会议、商务谈判、营建人脉、赢得支持……而这一切，都需要你具备演说力。

演说不等于讲话，更不等于炫口才！真正的演说不仅是传递内容，更是传递感情；不仅在传递方法，更在传递信念；不仅在传递知识，更在传递精神！想想今日的挑战——要让我的客户购买新产品，要让我的员工接受计划，要和我的竞争者联盟合作……企业家，怎样才能成功地将这些沟通的挑战转变成业绩呢？

二、让演说推动事业发展

挖掘你自己！最能打动听众的是真情流露，而要想感动听众，首先要感动自己，因此讲能感动自己的故事是打动听众的第一秘诀。而这一点，美国的著名演说家和成功学家戴尔·卡耐基已经给我们总结得非常好了！"你的生活感悟，你的个人经历，都是最好的演讲素材。"

（一）早年生活的记忆

与家庭、童年记忆、学生时代等有关的话题，一定会引起注意，因为我们大多数人都对这些话题有深刻烙印和记忆，更有些人对别人在成长的过程中如何应对和克服困难感兴趣。

只要有可能，把自己早年生活中的故事融进公众演讲中。当然公众演说的成功准备是关键，我们平时要把早年生活的故事进行演绎加工，从而达到逻辑清晰、思路明确、添加包袱，这样早年的故事在公众演说中更能达到想象不到的效果。

但你又怎能确定别人会对你早年的事感兴趣呢？有个简单的方法：如果某件事情多年以后你仍记忆犹新，那就几乎可以保证听众会感兴趣。

（二）出人头地的奋斗

回忆一些自己早年为追求成功所做的努力，这也会吸引听众。例如，你是怎样做出人生最大抉择的？是哪些机遇造就了你的事业？告诉我们，在这竞争激烈的世界里创业时所遭遇的挫折、你的希望以及你的成功。

励志故事要把人性冲突、矛盾尖锐体现，讲的时候要高潮迭起，让听众很想预知后事如何，故事中要多运用夸张、离奇和正常人想不到的事情，结果充满遗憾、充满极大的反差，这样能引起听众好奇心从而触动听众，让听众产生行为改善。

（三）爱好及娱乐

这一方面的话题以个人的偏好为基础，以时尚流行为题材，因此，这样的话题也能吸引听众。讲一件完全是出于你的兴趣而做的事就有热忱，时尚流行让大多数人聚精会神。

在平时要多关注热点和积累流行语，聚焦研究爱好和娱乐的明星，适当反驳明星观点也能让客户陷入深度思考，同时也能体现演说者的功底，当然观点要有论据，才更有说服力。

（四）特殊领域的知识

有些领域是很多普通人都没有机会深入了解的，比如考古、赌玉、古代地图等，如果用多年积累的知识和特殊领域新闻热点相结合穿插到公众演说中，那就肯定可以获得听众的注意和尊敬。

三、演说是一生的事业，需要坚持不懈

毋庸置疑，在成为一名世界级的超级演说大师的道路上绝对不是一帆风顺的，其中的酸甜苦辣也只有我们从事演说的人才会充分体会得到。我们会

将演说作为一生的事业，绝对不会半途而废。

对演说事业的追求和坚持，需要我们有强大的内心力量和强烈的个人魅力，而这些正是支撑我们坚持演说事业、坚持自己理想的全部力量。做强大的自己，将自己的梦想融入到日常的刻苦练习和虚心学习当中，全身心地投入，不给自己留下任何退路。我们从事演说事业的人就是要一条路走到黑，绝不回头，绝不放弃。

第二章

销讲智慧——销售是快乐的传递

商场如战场，变幻莫测，除了明锐的思维、独到的眼光、清醒的头脑外，绝妙的口才是必不可少的。话是死的，人是活的，了解销讲的秘诀，才能把客户心思吃透，才能在生意场上畅通无阻，一路绿灯。

销讲就是把自己传达给听众

世界上最伟大的销售员乔·吉拉德曾说："推销的要点是，你不是在推销商品，而在推销你自己。"销讲亦是如此。每一个成功的销讲师都是一个伟大的心理学家，销讲的最终目的是成功地说服在场的听众，把自己的产品和想法销售出去。展现自己、推销自己、说服他人是每一个销讲师都必须要做的事情，也是销讲师首要奉行的法则。

让人"刮目相看"的抉择

尊享故事

偶然的一次机会，我通过朋友介绍参加了一个讲座，当演讲老师让我上台发言的时候，因为紧张和演讲能力不佳的缘故，一句话也没能讲出来。下台后，我在内心做了一个慎重的决定，我要像演讲家那样表达自己。为了向更优秀的老师学习，我报名参加了杨林老师两天一晚的课程。

上完杨林老师的课程，不仅能提升自己，还能学到智慧，吸取能量。杨林老师在舞台上的那种能量和魅力，让我深深折服。于是我决定成为尊享的合伙人，"全力以赴，今生今世跟随尊享！"

不管在哪里，人数有多少，我一直跟随杨林老师每一堂课的学习。最近几个月，我上舞台的次数也渐渐变多，通过上台分享，我突破自己，也快速得到成长。我之前因为投资不慎，亏损很大，但进入尊享，我不仅扭转了自己的经济困境，还实现了财富的再次增长。而且，我的孩子也在尊享这里得到了很好的青少年教育。小孩成才，财富增长，个人得到更多尊重，在尊享的收获，我觉得可以用四个"刮目相看"来形容。

第一个是让我自己刮目相看，尊享让我一个农村出生、初中没读完的厨师，从灶台走到了讲台，从一个没有任何舞台经验的人，走上几百、几千人的舞台，正是跟随尊享、跟随杨林老师，让我对自己刮目相看，这是我从来没有想到过的。我有一个伙伴，他这样说过："以前看到你是一副穷困潦倒的样子，不注意形象，一身油烟味，如今却是如此的帅气。"

第二个是让我的家人刮目相看，我的家族都是务农出身，从未有一个人能站上舞台做一名讲师，如今我已经实现了站上舞台的梦想，我希望将来我能站上更大的舞台。在我爱人刚嫁给我的时候，我对她说过："老婆，你嫁给我，先跟着我吃一段时间的苦。"但这句话一说却说了8年，如今我们的感情越来越深厚了。来到尊享的价值就在于我的思想改变了，梦想开

始变大了，更加有责任感和使命感了，我家人都觉得我不再是8年前的那个易福安了，他们觉得我的行业选对了。现在只要一出差，我爱人必定亲手为我准备换洗的衣服。

第三个是让我的公司对我刮目相看，当时我真的是穷困潦倒，负债十几万，今天在尊享的年收入从几万变成了十几万，现在我的团队遍布全国，因为杨林老师说过一句话："你让他人伟大，你比他人更伟大"，我在尊享收获了、成长了，我也想让我身边的人能有所收获，改变他们的现状甚至人生。

第四个是想让社会对我刮目相看，因为受杨林老师的影响，他将要为社会至少捐十个亿，我希望自己以后也能为社会贡献自己的力量，去做慈善，去帮助更多的人，做一个对国家、对社会有用之人。

杨林点评

易福安第一次了解尊享是在刘广庆的演说现场，刘广庆让他上台演讲，他一句话也说不出来，后来第一次参加魅力演说的练习会，有那么一点成长，但还是卡壳、紧张、忘词，到现在他敢在更多的人面前去分享，还知道怎么去激发团队之间的PK，境界已经很高了。所以激发团队，是让大家能真正做出业绩的一种方式！

易福安是一个肯干肯学，而且非常简单、愿意相信且愿意付出行动的一个人，他也是三个小孩的父亲了。有时候我看着我女儿会想："我女儿都已经13岁了，我已经老了，回头我再看看我家小宝才5岁，原来我还与易福安一般年轻嘛。"

易福安的突破是值得学习和肯定的，如果他在舞台上更注意声音的抑扬顿挫、高低起伏，那效果会更好。有状态的演讲，不代表大声尖叫、大声喧哗，如果他更凝重一点，他的演讲就会升级，因为他的基本功已经非常扎实了，他的流程、语言、逻辑思维、讲话的力度，演讲的外在功力已经没什么大问题了，但他要开始练内功，内功练好了，易福安就是下一个刘广庆。

一、销讲是一门艺术

作为一个销讲师，我们真正要销售的是我们自己，我们能够销售的也只有我们自己。作为一个销讲师，经营好自己的职业生涯才是我们的最终目的。

生活中我们走走停停，不停地为自己的生活而奔波。我们会以产品作为桥梁，与不同的人进行沟通。我们要实现产品的销售，更要实现自身的不断发展。不管我们与什么样的人打交道，我们的产品都只是与之产生沟通的一个工具，真正要销售的是你自己，只有把你自己推销给了客户，他才会在接受了你这个人的前提下接受你的产品。如果客户不接受你这个人，你拥有再好的产品他也是不会理会的。因此，在做销讲的过程中，如何才能使人信任你、佩服你，是我们面临的一大难题，而且不同的人面对这道难题的时候其难易程度也会不一样。要在销讲的过程中学会成长，学会做事，学会做人。

每一个销讲师其实就像是一个企业，我们未必能够成为名垂千古的圣人，但一定不愿意有一天看到自己成为别人眼中的"廉颇老矣，尚能饭否"的尴尬。我们在现实的销讲中，向每一位听众销售自己，为的是以后不会像那些四流的企业一样为销售自己而把自己贱卖。经营自己就像是经营企业一样，要形成一定的品牌价值，要在行业当中形成一定的影响力，才会有人看得起你。如果我们不这样做，年轻的时候我们能动能跑，一旦有一天这些优势被比你

更年轻的人抢去，那就只有沦为四流的人才，人家想要请你时也会把你的价值杀到最低。

只有先销售自己，才能销售你的产品、你的理念、你的文化。如果你一开始就让人望而生畏，让人不想和你交谈、对你反感甚至讨厌你，你如何能销售你的产品。

二、先打动自己才能打动别人

为什么有些人的演讲不能够引起听众的共鸣，甚至现场说话的，看其他东西的，睡觉的都有？

出现这种情形的原因当然比较复杂，但很重要的是演说者自己都没有进入状态，不能充满激情地说出自己的话，甚至拿着别人写好的稿子念。你自己都不能打动自己，还奢望能打动别人吗？

讲话，自己首先是要充满激情的，只有先打动了自己，才有可能打动别人。许多著名的演员，都懂得在登台之前先把自己刺激一下。他们有的从窗口跳进后台，并握紧拳头向空中用力挥舞，好似向假想的敌人拳斗；有的想出让自己发怒的借口，使精神振作；有的在后台等候出场时，用力拍着自己的胸部……

因此，将要演说的人们，可以先运动一下，直到全身血液沸腾，脸上和眼中都充满活力的光辉；也可以尽可能的高声朗诵一篇诗歌；或做出激怒而有力的姿势。通过这些方式让自己精神抖擞。

演讲者对自己的演讲主题要有深刻的感觉，只有对这个演讲有特别的热情，他才可能具备超强的爆发力，能够把内心的情绪爆发出来，进而打动他的听众。

三、用微笑击破屏障

说到销讲，人们往往认为需要依靠犀利的语言。事实上，销讲师善意的态度所散发出来的魔力，要比语言更容易打开对方的心扉。要真正打动对方的心，最好的方法是给人好感的笑容。这不是暧昧的笑，也不是呆呆地傻笑，更不是嘲笑，而是会心地笑。

会心的笑容比任何语言都能给对方留下良好的印象。首先，会心的笑容富有"明朗性"，"明朗性"能给予人没有隔阂、随和、快乐的感觉。其次，会心的笑容能表现出善意和爽直的"诚恳"，这种诚恳的气氛又会形成任何事物都可放心交代的"信赖性"。此外，用会心的笑容进行强烈使命感的说服，能将"热诚"传达给对方。

仅仅一个笑容就能产生这么多良好的效果，何乐而不为呢？俗语说"眼睛会说话"，只要在眼角露出愉快的微笑，不仅能消除对方下意识设下的屏障，连对方的心也会受到感染，从而发生共鸣。

我们从相反的情况来看，更能发现微笑的重要性。试想，如果用愤怒或者是严肃的表情进行说服，部下可能立即就对这样的表情产生反感，然后竖起屏障，拒不接受或了解说服的内容。因此，与其做出侵犯对方感情的说服，还不如以身体表现出来的"明朗""诚恳""信赖""热心"的笑容做说服，来包容对方的心。尤其是会心的微笑会使对方产生共鸣和好感，比言语更能抓住对方的心，不仅能调整眼前的利害关系，还能为以后建立深厚友好的信赖关系打下基础。

（一）面部表情

最重要的一个面部表情就是微笑。一个简单的微笑就可以迅速拉近你和听众的距离。不幸的是，很多演讲者，尤其是那些商业演讲者，感觉他们必

须任何时候都带着他们的"扑克脸"。他们是严肃的商人，他们有业务和身份，他们有责任和底线。如果他们笑了，他们将看起来像正常人。

用你的表情来强调重点，将你所讲的东西表演出来。你对你刚刚引用的统计数据表示怀疑，可以扬扬你的眉毛。你觉得你的听众与你立场不同，可以皱眉。你告诉幼儿园的学生，他们在升入一年级的时候有更多的家庭作业，可以吐吐你的舌头。

（二）姿势

演讲者不同的姿势表现，听众就会产生不同的心理反应：演讲者懒吗？病了吗？累了吗？所以，演讲者应当用一个标准的姿势来消除这些猜测。将你的双脚轻微地分开，笔直地站着，并且你的双手随时准备做手势，这是在作任何演讲之前首选的基本姿势；不要靠在讲台上，偶尔这样做是不影响效果，但是靠在讲台上会让你看起来很虚弱；不要把你的手放在屁股上，否则你给人的印象将是一个专横的健身教练，另外，这样做将会使你看起来像是在领着大家做游戏；不要前后摆动，除非你在讲如何使用摇摆器或是在讨论晕船的情况，没有人愿意看你摆来摆去，这样做非常令人分心。

四、快速把握听众的心理

由于整个演讲的氛围是根据听众对演讲的接受程度而定，所以应该把握演讲过程中听众的心理。

（一）说听众关心的事

演讲成功的要素之一是要缩短演讲者和听众的心理距离。如果是涉及听众所熟知并相关的事物，听众便能很快地接受演讲者的观点，演讲容易获得成功。

演说者的成功在于他明了听众的目的，以及听众期望演讲者能够提供给他们的解决难题的知识和方法。有了这样的认识，你才会寻找到听众真正的疑惑或需求，确定自己的演讲内容、主题，也才能有的放矢地演说，才能拥有取得成功的先决条件。如果听众渴望了解当前的局势，那你可以分析国内外的政治动态；如果听众希望了解怎样进入股市，那你可以对他们讲述有关股市、股票的基本知识；英国新闻界的威廉·伦德夫·赫斯特在被问到哪种话题能吸引读者时，他毫不犹豫地回答："就是与他们自身息息相关的话题。"他正是在这种理论指导下，建立了他的新闻王国。

不用举更多的例证，我们已经明白：与听众休戚相关的话题，必然会赢得听众的认同进而被听众接受。如果我们心中没有听众，以自我为中心，听众就会因感到事不关己，而显得心不在焉，东张西望，这无疑是对演讲的嘲讽。

（二）真诚的夸赞

听众是一个思维活跃的群体，他们会根据自己的立场对演讲者进行评价。如果你不尊重他们，他们会不留余地地拒绝你。所以，如果听众有值得称道的表现，就应抓住时机予以肯定。做到这点就等于拿到了自由出入听众心理王国的通行证。当然，应有赞扬的技巧，否则只会适得其反。

（三）寻找共同点

演讲与对话都是人际交往与沟通的必要手段。如果你是应邀演讲，那么与听众建立融洽的关系是非常重要的。英国前首相麦克米伦，在德堡大学毕业典礼上，他的开场白就不失时机地抓住了听众的心。"感谢各位对我的欢迎，虽然作为英国首相在这里发表演说的机会并不多，但我并不认为我是英国首相才被邀请。"

然后，他又回顾了自己的家世，并告诉听众，他的母亲是出生在本州的美国人，而他的外祖父就是印第安纳州德堡大学的首届毕业生。麦克米伦以

其直系亲属的血缘情分，和属于开拓者时代的美国学校生活方式为话题所发表的演说，其反响之热烈，自不待言，获得这一成功的重要因素无疑是巧妙地抓住了听众与演讲者双方的共同点。

（四）让听众充当演说中的角色

如果演说者能够有效运用舞台表演的技巧，将听众吸引到演说的情景中去，让他们扮演其中某个角色，这对于提高听众兴趣，的确是一种上乘之法。曾有一位演说者，想要向听众说明从踩刹车到车子完全停止之间的行车距离。这位演说者请了一位坐在最前排的听众站起来，协助他说明车距与车速的关系。被指定的听众，拿着卷尺站在台上，按照演说者的解释前进或后退。这种情况不但具体表现了演说者的观点，同时，也具有与听众沟通的桥梁作用。

（五）使听众感到平等

演说者以怎样的态度与听众沟通，是十分敏感的问题。假如以一种有良好教养、拥有较高的社会地位或社会权力的态度和腔调对听众演讲，大都会受到排斥和反感，因为谁都不愿低人一等、听人训话。因此演讲者首先应采取低姿态使听众感到平等，才能与听众建立良好的沟通关系。

说服他人从改变自己开始——做一个当代说客

如果你想劝说一个人信从你的立场，首先要让他相信你是他忠实的朋友。我们可能说服不了别人，但不能没有说服他人的意识和欲望。意识和欲望让人不惜以最大的努力和热忱去做事情，它是人行动的源动力。

魅力演说，我为自己代言

尊享故事

我与杨林老师在很久前就认识，之前我们在同一家公司做事，我做行政，杨老师做讲师。杨林老师做事特别认真，总把每一个听众、每一个学员都放在心上，他经常告诉我们，对于他来说这可能是几百场、几千场演讲中的一场，但对于听众和学员来说，也许正是这一场演讲影响了他们的一生，他要对每一个到场的人负责，不能因为他的缘故毁掉了别人。

每当看到杨林老师站在台上，面对无数听众，从容不迫地谈笑风生，把一场场演讲变成展示风采的舞台，我打心底里对他充满了羡慕。杨老师创立尊享文化公司后，我跟随他来到这里，成为了他众多弟子中的一员，也希望随着自己近距离地与杨老师接触，能够潜移默化地改善自己的语言能力，有一天和杨林老师一样，站在舞台中央，为自己代言。

目前我在尊享旗下的尊享盛世网络科技有限公司工作，负责公司的网络平台运营和线上线下产品的推广，通过网络和线下活动，推动公司在市场的发展，带动更多人学习魅力演说，加入尊享这个大家庭中。

我是一个没有演讲天赋的人，每次上台讲话，总是把事情讲得很枯燥，很难引起别人听讲的兴趣。不论是从事行政工作还是跑市场，有些时候，自己想要表达的意思传达给别人后，总会有一丝丝地变了味，一个在自己看来十分吸引人的活动，表达出来后却不能很好地吸引别人。

在尊享工作的这段时间，通过线上线下的锻炼，我的演说能力得到了很大的提升，而杨林老师也总是鼓励我多登台演讲，每一个成功的演说家都是一点一滴积累起来的，敢讲比会讲重要一百倍。目前，我根据自己的工作经验和杨林老师的帮助，打算开始自己的演讲课程"百变商业模式"。

感谢杨林老师，感谢尊享，我在这儿，很快乐。

杨林点评

会说话的人左右逢源，如鱼得水；不会说话的人，处处受阻，寸步难行。有时候一句话可以化干戈为玉帛，却也可以变朋友为仇人；一句话可以功败垂成，也可以改变人一生的命运。

我始终相信，演说是人们生活的第一法宝，对于每一个人来说都很重要。无论我们身处怎样的角色、地位，我们都需要推销自己，成功的人需要向人推销自己，不成功的人更需要推销自己。每一个懂得如何演说的人，都能更容易达到自己的目标。

陈良是我的工作伙伴，更是我的朋友。看着他一点点地改变和进步，由衷地为他感到骄傲。

一、打铁先要自身硬

说服实际上是一个双赢的行为，但说服者要让对方明白却不是一件容易的事。说服他人的意识、信心、办法，这三方面共同构成了说服者的素质。对于一个说服者，首先应有说服他人的欲望和意识，其次就是具备说服他人的信心和勇气。如果再掌握相关的说服他人的方法，拥有诚恳真诚的心，那么即使比金刚石还坚硬的人，也会让我们说服的。

其中最关键的是掌握说服他人的方法。说服一词实际上是两个层面的意思，第一层面是指手段、方式，也就是说话的方法，包括前面和后边讲的说服策略和方法。我们讲的说服方法也就是指说话的方法，如何说话最有效仍然是主题。服是说的结果，就是指最终要达到使人信服的目的，这是第二个层面，也是主要的层面。

（一）要有说服他人的意识和欲望

退一步讲，我们可以说服不了别人，但不能没有说服他人的意识和欲望。意识和欲望让人不惜以最大的努力和热忱去做事情，它是人行动的源动力。

有句话是这样说的："我们首先应该想我们要做什么，然后才是我们能做什么。"说服他人首先要有说服他人的想法，这就是意识，意识应先于人的行动。如果行动先于意识，失败的概率就要增大，因为它可能降低人的自信心，而自信又是成功的保证，缺少了自信，成功的可能性也会大大降低。说服他人的意识也就是说服他人的自信心，首先应该树立自己的自信心，相信自己有这个能力。

欲望是行动的助推器，要有说服对方的欲望。可以说，没有欲望的人是没有任何希望的，失望、绝望会和奢望、渴望纠缠在一起，让人最后一点欲望也成为奢望。希望成为说服别人的销讲，说服欲望是必不可少的，欲望是行为的源动力。

爱迪生说："世上没有什么比欲望更能使人敏锐。"温德尔·菲利浦说："欲望会唤醒一个人的理智，欲望愈尖锐，愈能使一个人趋向成熟。"

由此说来，说服别人首先应具有说服别人的意识和欲望。

（二）要有说服他人的信心和勇气

意志和欲望决定了说服别人的动机，但也应具备说服他人的信心和勇气，是否具有信心和勇气直接决定着你的说服是否成功。一定要成功，这是必须的；一定能成功，这是有依据的。说服别人首先要说服自己，说服自己往往比说服别人更难。

也许你和被说服者之间有一堵墙，这堵墙可能是虚空的。我们只有亲自用手推一推它，才能知道它能不能阻止你。应该明白这样一句话："我们宁可被对方打回来，也不应因为害怕而放弃向他进攻。"

说服别人一般不是轻而易举就可以办到的，也许会遇上比较难缠的人，但要有信心和勇气试一试。试一试之后你会发现：说服其实很容易。他貌似强大，但他的虚弱与强大同在。

（三）要有诚恳真诚的心

说服对方的人往往是抱有某种良好愿望、目的以获得帮助或某种利益的。可以说，我们现在是有"求"于人家，包括劝服。既然如此，我们就应持有正确的说话心态。

一定要站在对方的立场上，设身处地地考虑对方的情感需要。不能急于求成、急功近利，也不能有私心杂念。只要是抱着诚恳、真诚的心态用真情打动对方，总有一天他会被你说服的。

二、说服他人的基本方法

说服别人时经常犯的弊病，就是先想好几条理由，然后去和别人辩论，还有的是站在长辈的立场上，以教训人的口吻，指点别人该怎么做。这样一来，就是等于先把对方推到错误的一方，因此，效果往往不好。那么，怎样才能取得更好的效果呢？

古人云："感人心者，莫先乎情。"销讲者的说服工作，在很大程度上，可以说是情感的征服，只有善于运用情感技巧，以情感人，才能打动人心。感情是沟通的桥梁，要想说服别人，必须跨越这一座桥，才能瓦解对方的心理堡垒，征服别人。销讲者在劝说别人时，应推心置腹，动之以情，讲明利害关系，使对方感到销讲者的劝告并不抱有任何个人目的，没有丝毫不良企图，而是真心实意地帮助被劝告者，为他的切身利益着想。

（一）用高尚的动机来激励他

在一般情况下，每个人都崇尚高尚的道德、正派的作风，都有起码的政治觉悟和做人道德。所以，在说服他人转变看法的时候，一个有效的办法就是，用高尚的动机来激励他。比如说这样做将对国家、单位带来什么好处，将对家庭、子女带来什么好处，将对自己的威信有什么影响，等等。这往往能够很好地启发他，让他做应该做的事。

（二）用热忱的感情来感化他

当说服一个人的时候，他最担心的是可能要受到的伤害，因此，他在思想上先砌上了一道墙，在这种情况下，不管你怎么讲道理，他都听不进去。解决这种心态的最有效的办法就是，要用诚挚的态度、满腔的热情来对待他，在说服他的时候，要用情不自禁的感情来感化他，使他内心受到感动，从而改变自己的态度。

（三）用信息的交流改变他

实践证明，不同的意见往往是由于掌握了不同的信息所造成的。有些人学习不够，对一些问题不理解；也有些人习惯于老的做法，对新的做法不了解；还有些人听人误传，对某些事有误解，等等。在这种情况下，只要能把信息传给他，他就会觉察到他的行为不是像原来想象的那么美好，进而采纳销讲者的新主张。

（四）激发他主动转变的意愿

要想让别人心甘情愿地去做任何事，最有效的方法，不是谈你所需要的，而是谈他需要的，教他怎样去做到。所以有人说："撩起对方的急切愿望，能做到这一点的人，世人必与他同在；不能的人，将孤独终生。"

探察别人的观点并且在他心里引起对某项事物迫切需要的愿望，并不是指要操纵他，使他做只对你有利而不利于他的某项事，而是要他做对他自己有利，同时又符合你的想法的事。这里要掌握两个环节：一是说服他人时要设身处地地谈问题，要把别人的事当作对彼此有利的事来加以对待；二是在促使他行动的时候，最好让他觉得不是你的主意而是他自己的主意。这样他会喜欢，会更加主动和积极。

（五）用间接的方法促他转变

说服人时如果直接指出他的错误，他常常会采取守势，并竭力为自己辩护，因此，最好用间接的方式让他了解应改进的地方，从而让他达到转变的目的。所谓间接的方法是多种多样的，如把指责变为关怀；用形象的比喻来加以规劝；避开实质问题谈相关的事；谈别人的或自己的错误来启发他；用建议的方法提出问题，等等。这就要靠说服者根据实际情况创造性地加以利用。

（六）提高对方"期望"的心理

被说服者是否接受意见，往往和他心目中对说服者的"期望"心理有关，如果说服者威望高，一贯言行可靠，或者平时和被说服者感情好，觉得可以信赖，被说服者就比较愿意接受意见。反之，就有一种排斥心理，所以作为说服者，平时要注意多与人交往，和他们建立深厚的感情，这样在工作的时候，就能变得主动有力。

任何销讲高手都是优秀的阅读者

一个优秀而成功的演说家就是一个不断吸取新知识，并且不断更新自己的人。因为演说对我们来说没有最好，只有更好。我们在不断向世界演说大师学习的时候，也应该向身边的人们学习。学习能力就是演说能力，更是演说成功不可或缺的动力和基石。

无悔选择，做有价值的事情

尊享故事

一次偶然的机会，我在微信朋友圈看到朋友发的一条培训学习、招商路演练习会的广告，我仔细看了看内容，感觉很多都是针对我的短处讲的，这正是我目前最需要的。然后点进她的主页，里面都是我需要迫切解决的问题的视频和图片，心中激动不已，我立马给她发了一条短信，咨询了学习事项、学习

　　的大概内容，她告诉我魅力演说主要是教你怎么说，教你怎么销，而且学习地点离我很近，十分方便，我便毫不犹豫地交了学习费用及住宿费。

　　第一次学习的时间是 2016 年 7 月 23 日，地点在长沙西雅国际大酒店。在学习的前一天，我来到尊享文化，参观了尊享文化的办公室，看到办公室墙上挂着杨林老师和很多名人的合影，我心里在想这个老师很牛，我这个选择应该没有错。

　　第二天，我早早来到会场，让我眼前一亮，这是西雅最大的会议室，会场的布置十分用心，连桌子的间距都是用尺子丈量，做到这样极致真的不简单。在我的心里增添了对这家公司的认可。经过第一天的学习，我认定这位老师一定可以给我事业上带来帮助，迫不及待地想与老师近距离接触，工作人员告诉我先认真听，会有机会的。

　　我平缓了自己的情绪，认真听也认真做笔记，到了第二天终于等来了走入尊享的机会，我是第一个冲上舞台的，立马就刷卡成为了尊享的合伙人，我心里很清楚回家说这件事肯定会有人不支持我，说我是被洗脑什么的，但是我认为我一个成年人，我的生活我可以做主，我可以承担这个责任。这次的学习我收获很大，我第一次站上了讲台，而且成功销售了我的产品，还认识了一群志同道合、阳光上进的朋友，学到了怎么销售，怎么演讲。

　　在我走进尊享的 3 个月里，通过几次课程的学习，真的是收获太多。能够在这样一个有激情、有大爱、有正能量的公司里面学习，我感到很幸福，尊享让我突破了舞台恐惧，让我打

开了演说智慧，让我学会了怎样经营好家庭，怎样教育好孩子，让我学会了怎样进行一对多的销售，让我在这里结交了更多的好朋友，这证明了我当初的决定真的没有错。

在以后的路上，我一定会不放过每一次在尊享的学习机会，一定把自己打造成像杨林老师那样可以站上万人舞台的演说家，从而带领我的公司走向成功，实现我的创业梦想，实现我的慈善家梦想！对社会作出伟大的贡献！

杨林点评

如果你认为对的事情就去做吧，不要等到一切都晚了才后悔，未来会给你想要的答案。错与对的评判在于别人，做决定则取决于你自己。这个世界上最不靠谱的事情就是"等下次""改天""有空"。一说"下次"就成了遥遥无期，一聊"改天"就懒散到了尽头，一等"有空"就直到垂垂老矣怕是也没空。

志钢是尊享的合伙人，也是尊享的股东。从加入到现在，几个月的时间，发生了非常大变化，他突破了对舞台的恐惧，能够站在众人面前侃侃而谈。他公司的业务得到了提升，更学会了怎样和员工处理好关系，使公司更高效地运作。我为他感到骄傲，相信不久的将来，他会有更大的突破，实现他的慈善梦想。

一、成为自己的演说总教练

越是成熟的演说家，越需要自我教练。因为在从事演说事业的过程中，我们会在不自觉中形式化很多东西，久而久之，我们的演说就会一成不变。如果没有变化，我们就会被淘汰。所以，优秀而成熟的演说家都是自己的演说教练员。

做自己的教练员最大的好处就是我们可以随时开始训练，及时发现自我需要改进的地方，并及时纠正自身的错误。比如我会从他人给予我的信息中提炼对我有用的事情，然后客观冷静地看到自己的表现。不但要看自己的缺点，也要总结自己的优势。这样我们才能从客观的角度来训练自己。

成为自己的教练员，还可以让我们保持一种中立的、理智的、客观的态度，凡事都能从公正的角度获得不一样的看法和信息。当我们开口演讲的时候，就能抛开原本那个胆怯而不知所措的自我，成为演说台上一个真正的演说家、一个真正的勇士。我们是自己的演说教练员，所以我们会在自我的教练中不断地成长，最终成为一名超级演说大师。

二、虚心请教，听取他人的批评和建议

我们是演说家，但是我们并不完美，因为我们不是事事精通，所以我们需要向身边的人虚心求教，哪怕这个人的学历、家世等不如我们，我们也可以从他身上找到长处，然后求教于他。

古人云："智者千虑，必有一失""当局者迷，旁观者清"。这就告诫我们：一个人再深思熟虑，都难免有疏漏和不到之处。我们对发生在自己身上的事情并不一定很清楚，但旁边的人却看得很明白。刚愎自用、妄自尊大的人，不但阻碍了自己进一步的发展，还可能给团队带来不必要的损失。李开复说："一个人所犯的错误首先会被别人看到，而在别人眼中，问题会显得更加客观和透彻。"基于这样的认识，我们大家没有任何理由拒绝别人的批评及建议。

可以说：虚心听取他人的意见是自省进步的先决条件。不能虚心接受别人的批评，不能从中汲取对自己有益的东西，就不可能取得更大的进步。

人最容易犯的错误，就是过于相信自我，听不进别人的意见。勇于承认错误，主动接受批评；不断追求进步；多听取他人的意见和建议，接受"良师"的指点；事后认真反省，努力改变自己，只有这样，才能培养自省的态度和勇气，才能在不断的反思中重新认识自己，从而寻求进步和奋发向上的动力。

我们不但要听取一个人的意见和建议，还要注意听取多个人的意见和建议。早在汉代，王符在《潜夫论·明暗》中便说："君之所以明者，兼听也；其所以暗者，偏信也。"

所谓"兼听"，即听取多方面的意见，这样才能明辨是非，正确地认识事物；单听信一方面的话，就会糊涂，犯片面性的错误。团队中的事物并不都是一眼就可以看出其所以然的，都有其错综复杂性，团队中的每个人受自身知识、经历等因素的局限，难免在一些事物的见解上有所缺失，如果把多种意见集中起来，进行综合、比较、鉴别，从而去伪存真，自然就更公正合理。

一个人的智慧是有限的，一个人对事物的认识也会受到局限性的影响，只有不断地从他人的见解中吸取合理的有益的成分，来弥补自己的不足，才能减少失误，取得成绩。所以，善于倾听别人的意见是每一个有志成功的人必须具备的品格。

生活中的许多事例说明了这样一点：凡不乐于接受别人意见的人会屡遭失败，而那些虚心的、能善于听取别人意见的人，才会成为更出色的人。听取别人的意见，找到工作中能够开导自己、给自己真诚帮助的良师，对自己的工作和成长会起到非常重要的作用。

三、勤学苦练永远是最好的方法

一个人能说会道、口才好，不能否认有先天的因素，但这并非决定性因素。后天掌握正确方法努力练习提高，对口才更加重要。在人际交往愈加密切的今天，口才的用武之地越来越广阔，只要你找到提高口才水平的门径并勤加练习，就一定能拥有可以帮你建功立业的"三寸不烂之舌"。

德摩斯梯尼是古希腊著名的演说家，但是他小时候却离一名演说家相距甚远。他天生口吃，嗓音微弱，还有耸肩的坏习惯，在常人看来，他似乎没有一点儿当演说家的天赋。为此，德摩斯梯尼付出了艰辛的努力。有一天，爸爸发现小德摩斯梯尼说话总是会含含糊糊的，就问他："你说话怎么越来越不利索了？""爸爸，我在嘴里含了块石头，听说这样可以改变发音呢，我想成为演说家！"爸爸摇头苦笑："你呀！给我把话说清楚就行啦！"其实爸爸不知道，含着石头说话只是小德摩斯梯尼锻炼自己的方法之一。为了去掉气短的毛病，他常常面对呼啸的海风，不停地吟诗；为了改掉耸肩的坏习惯，他在肩头上方悬挂两柄剑……德摩斯梯尼不仅在训练发音上下了很大的功夫，而且还努力提高自己政治、文学等方面的修养。经过十多年的磨炼，他终于成为了一位出色的演说家。像德摩斯梯尼这样先天条件不足，靠后天的勤奋努力成为演说家的人还有很多：英国前首相丘吉尔、《疯狂英语》的李阳……

演讲辩论的世界，从来不缺乏会说话、思维敏捷的人。不管他们的独特技巧是什么，但是他们身上都有一样的特征：有兴趣、坚持梦想、勤奋苦练，努力变成自己想成为的人。

OPP 营销——颠覆传统营销模式

随着社会发展，市场竞争的加剧，不管是销售人员，还是创业公司的 CEO，都需要上门给客户介绍自己的产品。营销的方法变得越来越多，而 OPP 营销，作为一种新兴的营销方式，越来越多地被企业和大众所接受。不管是面对几个人的演讲，还是面对成百上千人的会销，OPP 营销都成了让产品和企业脱颖而出的最佳路径。

所有成交都是被设计出来的

尊享故事

2016 年 9 月我去三亚，在我投资的翡丽莱斯公司做了一场两天的销售会议。台上我开始讲公司的课程、流程、产品的好处以及一些卖点，包括系统的一些建立等，最后我们开始售卖，经过几轮的销讲，最终收金超过了一千万。

　　我想讲的一句话是：所有的成交都是被设计出来的。当然，这个设计是不是要给我们的客户设计一个圈套，让他们往里面跳呢？这个设计是不是我们常常提到的火炕呢？不，不要理解错了，如果这样想的话，很多业务员在销售当中就没有底气，会怀疑自己的产品，他就感觉自己在害顾客，那他怎么会有信心，怎么可能把产品卖好，而且卖着卖着，不是顾客进来了，而是业务员他自己消失了。

　　在销售的过程中，我们要懂得去设计流程，懂得去设计文案，懂得去设计一些让客户感觉到受益的方向与步骤，因为我们知道我们公司的产品，顾客走进来，我们跟顾客合作，他所得到的一切，绝对会高于他要付出的金额。甚至我们要明白，一个老板为什么愿意跟一个业务员合作，他也许不认为产品对他的公司有多少帮助，而是发现这个业务员对他的事业有所裨益和帮助。

　　再换句话讲，当你是一个老板，我是一个业务员的时候，你买我的产品，你个人、你公司的一切，我都可以给你做更多的宣传，做更多的布局，做更多的一些洽谈，甚至我帮你的公司做得更强更大。你会不会对我有那么一点点的兴趣呢。跟普通业务员打交道，就是谈生意，就是用钱来交换产品，但跟我谈生意，目的是买我的产品，我来帮助你、辅助你，让你个人得到提升，让你的产品得到售卖，让你的公司得到发展，这是关键。所以我们要深深地明白一句话"顾客购买产品本身的同时，最重要的是你的产品让客户感觉有附加值。"所谓的附加值就是除产品之外的，服务也是附加值当中的一项，跟他成为

朋友，把人脉介绍给他，更是产品附加值中最大的一个项目。甚至可能直接成交，把更多的客户带给他，或者是把他带入到一个更大的圈子，这些都是附加值的表现。所以你要深深地明白，在我们一对多的销售当中，我们在设计我们的产品售卖方案的时候，一定要学会把产品的附加值设计进去。

杨林点评

翡丽莱斯的招商销讲，是我亲自参与的一场活动。那一天，现场来了七百多人，我们送出去了几台保时捷，我们主要的市场精英都走了红地毯，让大家看到他们的展示，他们的成长，他们的成果。我们请欧阳宇辉担任这次活动的主持人，公司的董事长也讲述他的公司文化以及对完美身材的打造。这些都是在无形当中去塑造产品，在无形当中展现公司的实力，在无形当中让更多的人感到不可思议，从而愿意与我们合作。

销讲是一门技术，它需要销讲师灵活融通正确的营销理念，娴熟运用各种销售技巧。如果没有正确的理念，缺乏精湛的销售技巧，即使你付出了足够的努力，也只能望着成功远去的背影而喟然长叹。要想在销讲行业的"茫茫人海"中脱颖而出，成就自己的梦想，成为一名卓越的销讲明星，就需要不断培养自己正确的销讲理念、磨炼出色的销售技能。

一、OPP 营销

什么叫OPP？ OPP有两种说法：一种是opportunity的缩写，是"机会"的意思，OPP意思是机会营销。另一种是Open People的缩写，open是"开启、

开发、打开"的意思，people 是"人类、人民、人们"的意思，合起来，OPP
就是"开启人们的购买欲望"，从而给人们发财或消费的机会！很多人认为
OPP 主要是指直销企业的营销培训。

很多企业有 OPP 营销，但没有一家是直销企业。不管 OPP 来自哪里，它
就是各种各样的会议营销，是一种最能够收款的演讲。包括：招商会，上门
演讲成交，产品发布会，拍卖会，招标会，路演营销等。

二、OPP 的五大特点

（一）封闭而有气场的空间

OPP 会议，必须要维护一个统一强大的气场，让客户能量场聚集在一起。
主办方选择的地方一般都是在离闹市区比较远的酒店、度假村、风景区等。
参会人员，由公司安排接待车辆，统一接送。

如果是在闹市举办，那么酒店要选择有一定封闭性，没有外面声音，也
没有人来人往干扰的空间，最好是酒店独家举行你们公司的会议。即使是你
孤身一人到客户公司做成交拜访，你一样要提醒客户，"我讲课期间，不允
许有任何打扰"，包括接听手机，进出会议室，随意闲聊等。

（二）提前圈定有效客户

提前锁定有效客户，目的是提高 OPP 现场成交率。OPP 营销是一步步筛
选有效客户。很多人以为，会场决定一切，这是错误的认识。如果把营销比
作烧火，那么在会议现场，只是比较关键的一把大火，要烧得很旺，让客户
有刷卡的冲动。邀请客户参加会议前已经对客户的基本情况非常了解，精确
把握客户的意向，这相当于文火慢炖，为会议营销做好前期所有铺垫。所以，
没有 OPP 会前的文火，OPP 现场的大火也不会成功。

从整个营销过程来看，OPP现场的大火相当于成交时的"临门一脚"，却是关键的一脚。

（三）OPP的成交流程模式

建立信赖；塑造价值；解除抗拒；要求成交。

所有营销，都是建立在双方信任的基础之上，有信任才有回应，才有后续的跟踪销售。很多销售，见人就推销，成功率肯定非常低。

只有打开心扉，你和你的产品才会进入对方内心，这时，就要塑造公司产品或服务的价值。这需要独一无二的密码，就像阿里巴巴说"芝麻开门"，密码对上号，宝藏的门自然开了。这就是在前面进行提拉的力量。接着，通过抗拒点的瓦解，突破客户的心理排斥，搬开客户面前的巨大障碍；客户感觉非常自在、轻松，在无障碍氛围下，最后，直接要求客户成交。

这四个核心模块的设计，环环相扣，遵循人类心理学规律，不能够颠倒或错乱。

（四）OPP的成交关键

OPP营销是个体系，最终是通过OPP的形式把公司的产品和服务推销出去。所以，OPP的成交关键在于设计一套无法抗拒的方案。

这套方案的关键是：在现场购买东西的价值高于平时购买的。换句话说，买同样的东西，现场购买花费的钱更少。不然，客户为什么要来参加会议购买呢？举例子：电视购物也在这样做，约定3天之内打进电话订购某产品，就可享受500元的优惠，否则就会失去机会。

当主讲人把产品的价值塑造起来后，就要公布一套非常诱惑的方案。举例子：一套化妆品，有三个单品，洗面888元，润肤588元，保养388元，平时销售合计1864元。但这次OPP现场，只需要支付1188元，差不多六折。这就足够诱惑参会客户。

（五）OPP 的营销核心

OPP 就是一场培训会，是一种会议营销，既然要开会，一定是场一对多的培训会。举例子：很多服装品牌的订货会，先给客户培训一些行业和终端店铺经营的专业知识，然后导入订货方法，其目的是鼓励客户多订货。换个角度说，OPP，也是一场演讲会。但是，它比演讲更高级的是，它不是为情怀而演讲，也不是为演讲而演讲，而是为了销售，为了成交而演讲。

OPP 是一种应用广泛的营销模式，不管是消费品，还是商业品，甚至商业模式的推介都离不开它。操作成功的 OPP，效率极高，短期内可让公司收获大量现金，还能趁机宣传公司的品牌。

OPP 就是一种销售的演讲，一种成交的演讲，一种赚钱的演讲。学好 OPP，赚钱很容易；想学演讲的人，就要把成为 OPP 讲师作为追求，成为营销的主角。

直销是一个通过口碑相传的商业模式，各公司的经销商不断地利用各种方式和途径传递着所在公司的产品信息，介绍他们的事业平台和创业模式，这其中，OPP 的讲解起着非常重要的作用。讲好 OPP，是每个直销人必须要掌握的一项基本功。

三、销讲黄金六步法

毫不夸张地说，每一位直销从业者都是在某一次事业说明中，被某个人的某句话所打动，从而走入这个行业。所以，完美精辟地讲解事业说明将是你发展销售队伍的第一步，讲解的频率决定了你团队发展的速度。

一般说来，OPP 的讲解分为一对一沟通、家庭聚会和大型招商演讲三种形式。

而不论哪一种形式，OPP 的讲解都必须包含如下六个方面内容：讲自己拉距离，找需求下危机，给观念讲行业，给梦想讲公司，给信心除疑虑，以及讲机会邀加盟。

（一）讲自己拉距离

这个环节主讲人首先得让听众接受自己，可以先讲一些自己的趣事来打开局面，通过介绍自己走入直销的经历，来实现这个目的。在这个基础上，用聊天一样的方式，分享自己参加公司旅游活动所领略到的异国风光以及当地人情，让大家对你的生活方式感兴趣，产生向往。但拉差距不是炫富，在这个环节中一定要注意把握分寸和尺度，以避免产生适得其反的效果。

（二）找需求下危机

这个环节可以在现场对听众的年龄、职业、收入等做个调查，然后用大家的收入和支出举例，通过对一些社会现象的描述，比如房价贵、看病难等，突出现实生活中存在各种各样的压力，让听众对你的讲解产生一种贴近感，感同身受的同时，进而产生一种改变现状的欲望。

（三）给观念讲行业

可以从食品安全的角度引入健康的重要性，指出关注健康已经成为了一大社会趋势，而直销正是顺应这个发展趋势的行业。告诉大家在这个行业中，从业者可以通过消费来实现财富累积，利用网络建立自己的客户群，锁定终端消费者，发展属于自己的事业。这个环节的主要目的就是要让大家对行业有个大致的了解，觉得这个行业还不错，培养起一种深入了解的欲望。

（四）给梦想讲公司

抛出直销操作的概念，引起大家的兴趣后，就要趁热打铁，让听众明白成就一番事业必须要借助一个平台，那就是公司。直销是借船出海，拥有好的平台才会让前进的帆船驶得更远。

讲公司就是讲特色，讲区别。通过讲公司做直销的目的、发展现状、未来规划等，突出公司的硬实力；讲董事长的人生经历、事业格局、发展雄心以及事业前景；通过产品案例分享，突出产品特色和品牌优势；通过奖金制度分析，强化倍增的魅力；通过团队力量的叙述，强化直销和公司优势。从而让听众感觉从事直销的门槛低，人人可为，行业简单有互助，公平可超越，是值得一试的事业机会。

（五）给信心除疑虑

答疑是事业说明中必不可少的一个环节，一场精彩的OPP讲解后，新朋友来时的很多问题已经基本解决了。但心潮澎湃的同时也会略有怀疑，他担心这个事情是不是真的像你说的这么好，自己能不能做好。这时候答疑就显得非常必要，主讲人可以采用自问自答的方式把常见的问题抛出来，比如，你讲得这么好是真的吗？是不是想要利用我啊？我没有口才、朋友少会不会做不好呀？然后一一分析作答，同时，也解决场内听众提出的其他问题，做到答疑无死角。

（六）讲机会邀加盟

这个环节需要与前面的答疑一气呵成。答疑后就紧接着要说，有什么样的思想就有什么样的生活，思路决定出路，办法总比问题多，相信听了前面的讲解大家应该基本了解了直销这个事业机会，接下来就是付诸实践的时候了。最后再跟大家说一些提振信心和士气的话，趁机将这种热情进行升华。

销讲的演说技巧

天下莫柔弱于水，而攻坚者莫之能胜。仁厚友善的方式比暴力更容易改变别人的心意。令人称悦的建议，应当建立在爱人之心、助人之意的诚情基础上。因此，当你在销讲过程中，要求别人改变观点时，一定要注意措辞巧妙的技巧。

从"大碗厨猪脚"到"太平猪脚"

尊享故事

我在辅导一家餐饮公司时告诉他们，产品要分割，要有尖刀产品，要有独特产品，要有赠送产品，要有体验产品，还要有防御产品。

那什么叫尖刀产品？就是大家都是冲着你这道菜来的。就像我之前辅导大碗厨一样，它是平价餐饮，老大叫王东庭，也是我的兄弟，之前他的尖刀产品——猪脚，叫大碗厨猪脚，后来我给它改名叫太平猪脚，并且给它塑造了一个很形象的故事。故事就是我爷爷的爷爷在太平天国的时候帮助打仗的人煮猪脚，每次吃完猪脚之后他们都打胜仗，这就是故事。

什么叫防御产品，就是跟对方打价格战用的，别人贵的我便宜，别人没有的我贵。价格9块钱的太平猪脚，根本不赚钱，但是不可能每个人去店里就只点个猪脚，不点其他东西吧。当时我辅导的那段时间，他的每张桌子要翻三四次台。中午十一点半就进客，十二点半到一点半每张桌子翻三次台。我跟他讲，你最贵的菜不能超过68块，然后赠送菜品。别人赚的小钱，你不能赚；别人纸巾要钱，你不要；别人花生米要钱，你也不要。有些时候顾客要的是舒心的感觉，他哪怕少付了一块钱，结果他多点了几道菜，胃口好。而且纸巾还要多放几张，你知道为什么吗？他没用完要带走，这是做广告。

杨林点评

笨人才要心眼儿，聪明人只需厚道。要心眼儿，其实内耗特别大。首先，他得花心思算计；然后还得编造谎言、装模作样，如果被看出来背后的心计，他还得想着怎么善后、怎么抹平。人的精力都是有限的，全用到使心眼儿上了，没有用到提升自己的能力把事情做成功上，那不是傻又是什么呢？

厚道、踏实、认真、努力，知道为别人着想又懂得保护自己，知道维护自己权益，有边界、有原则，这样的人谁会不愿意合作呢？这样的人成功的机会当然也会更多。

一、以真诚的方式获得信任

销讲，是一个信息传递的过程。说话者要注意提高自己说话时的自信心，增强自己的说话魅力，准确、流畅地表达自己的思想、信息，并为听众所接受、产生共鸣。也就是说，要把话说好，关键在于说的话能否拨动听者的心弦。

生活中，有的人或长篇大论或慷慨激昂，可就是打不起听者的精神；而有的人虽寥寥数语，却掷地有声，产生魔力。何故？因为后者了解人们的自尊心，能设身处地地站到对方的立场上，以对方的眼光来观察问题。因此，他们的谈话充满真诚，很能打动人心。

拳王阿里由于年轻时不善言辞以致影响了他的知名度。有一次，阿里参赛时膝盖受伤，观众大失所望，对他的印象更加不佳了。当时他没有拖延时间，立即要求停止比赛。阿里说："膝盖的伤还不至于到不能比赛的程度，但为了不影响观众看比赛的兴致，我请求停赛。"在这之前，阿里并不是一个很得人缘的人，却由于他对这件事的诚恳解释，使大家对他有了极佳的印象。他为了顾全大局而请求停赛的确是替观众着想，由此而深深地感动了大家。

二、不拿别人的短处取乐

生活中，人们在一起聊天闲谈时，总喜欢说些有趣的事，以此来给工作和生活增添开心的笑声和情趣。这本来是好事，但是有些人却管不住自己的嘴巴，动不动就拿别人的隐私、过失、缺陷等作为乐趣和笑料，以揭别人的短来换取笑声、寻求开心。结果，不但伤了他人的自尊心，给被谈论者带来苦恼和怨恨，也严重影响自己人际关系的发展。拿别人的缺点取乐，实在是一件损人而又不利己的事。

三、否定或拒绝别人要讲策略

每个人都需要得到别人的评判、意见、理解与帮助，也常常会收到来自别人各方面的需求和希望。如果大家都能笑口常开地说"好""是""当然可以"，那自然是再好不过了。可是，在现实生活中，没有一个人是万能的，没有人会把所有事情都做得完美无缺，没有人会解决所有难题。不管是对谁，即使是对自己的父母和兄弟姐妹，我们也很难真正做到有求必应。"不"常常是人们不得不表达的一个字。

但在错综复杂的人际交往中，彼此相承，既要竞争，又要依存。一个"不"字说来容易，可在人情来往中就犹如一把无形的"刀"，砍下去重若千斤。为官者怕失去民心，为民者怕得罪上司，亲戚间怕人说六亲不认，朋友间怕人说不够义气，从商者怕失去客户……

否定别人，拒绝别人，说"不"简直成了世界上最让人为难的事，稍不注意，就可能失去交情，引起反感，被人误会，甚至有自毁前程的危险。

但是，在现实社会的许多情况下，这个"不"字却是不得不说的。因此，掌握否定或拒绝的技巧，既能表达"不"的意思，又能不引起对方的强烈不满，甚至让对方欣然接收，无疑是需要方法的。

在否定他人的看法，或拒绝他人的请求时要用婉转的语言，掌握一定的语言技巧。既要做到能使对方接受你的意见，又不至于伤害对方。在多数说"不"的情况下，需要给对方一个适当的台阶；在否定对方的意见时，先赞美一番，然后婉转地指出缺点；在拒绝对方时，先表达自己十分愿意满足对方的需要或帮助，然后找一个恰当的借口，置自己于无助的困难境地，引起对方的同情，使对方说出放弃请求的话。特别是在拒绝他人的请求时，尽可能把"不"说得含糊一些，这样做既能让对方明白你的立场，也能充分保留对方的面子。

如何让自己的形象得到提升

　　形象就是吸引力，形象就是竞争力，形象就是影响力，形象就是生产力。形象是一个人无言的表达，是一个人对外无声的宣传，是一种不花钱的广告。大多数人之所以失败是因为他们首先看起来不像成功者。如果你穿错了衣服，很少有人会告诉你；如果你不懂得搭配，很少有人会告诉你；如果你的头发不整齐，很少有人会告诉你；你的鼻毛伸了出来，很少有人会告诉你；你的眼角有眼屎，很少有人会告诉你；但是，有人会看在眼里，记在心里。

勇敢地迈出第一步，改变就在不远处

尊享故事　　我是来自湖南益阳的李志红，今年已经41岁了，现在的我拥有一家红枣加工厂，有一个幸福的家庭，妻子温柔贤惠，儿子聪明伶俐。

2016 年 4 月我走进尊享文化，然而在前两个月的练习会上，我都是躲在学员中默默地看着台上老师的风采和同学们的绽放。当时心中想着，我如果上台应该怎样讲，也许会比台上的同学要讲得好，但是我缺乏上台的勇气，也只能在心里想想而已。

2016 年 6 月 23 日，"魅力演说商务智慧"课程在长沙石燕湖开课。第一天，我只是默默地坐在学员当中听演讲。第二天，因为每一个人都必须上台，我被迫上台做了我的第一次演讲，但是没有想到，我居然获得了比赛第二名，为我所在的小组赢得了高分，这一下便让我的恐惧感消失了。在接下来的学习和比赛中，我连续上台，不断突破，最后居然获得了那次学习总决赛的个人亚军，并且和同组小伙伴们一起努力，勇夺了团队冠军。

我的演说开关从此被打开了，在接下来的 7 月、8 月、9 月的公司练习会和品牌课，我逢会必到，并且主动争取上台。我的演讲水平一步步提升，几乎在所有的学习和比赛中都拿到了团体和个人的奖杯，其中有四个以上冠军奖杯。通过学习魅力演说，我发现一切都变得简单了、美好了。

首先，在生活中，在跟朋友们的聚会上，甚至是十人、二十人的活动中我成为了活动的主角、众人的焦点。其次，在工作中，我把在尊享学到的知识充分运用到了公司内部的团队管理上，让员工觉得他们在公司服务是一份前途光明的事业，愿意为我、为公司长期服务，并想入股公司。

其实我最大的收获来自于我的家庭。我儿子李非凡参加了

2016年8月的魅力演说青少年成长智慧，短短四天的课程，却让我收获到了最大的惊喜！记得青少年课程结束后，我去接儿子，儿子远远看见我，飞快跑过来，紧紧抱住我，大声哭起来，并用我这辈子听到的最大的声音对我说："爸爸，我爱你！"那一刻，我也情不自禁流下眼泪，心里想：我对他所有的爱，所有的付出全部得到了回报！我的爱人起先并不支持我加入尊享，但自从我的进步一天一天体现出来之后，尤其是儿子的进步，给予了她极大的认同感，我们夫妻间的感情也越来越融洽，家庭生活越来越幸福！

这就是我走进尊享后的收获！能与尊享结缘，我很幸福！我相信未来的我会有更大的收获，我更相信未来的我会更加的幸福！

杨林点评

人在开始学走路时，第一步是最难迈出的；学习上，第一个字是最难学的；经商时，第一个1万元是最难挣的……所以人们常说："万事开头难。"但是，如果不迈出第一步，怎么能学会走路？如果不迈出第一步，怎么就知道自己不会成功？

第一次的跌倒、摔跤，让我们记住了疼痛；第一次学会走路，让我们知道了人生路途的艰辛；第一次叫爸爸、妈妈，让我们永远地记住了我们的恩人；第一次失败、受挫，让我们尝到了成功背后的更多付出。第一次……无数的第一次让我们尝试了，也让我们明白了很多很多……

李志红通过学习魅力演说，不仅克服了胆怯心理，勇敢地迈出第一步，而且把所学的知识运用到公司管理、日常生活中，获得了令人满意的效果。现实中每一家企业、每一个公司都不可避免地会碰到沟通问题。如果父母与孩子之间、夫妻之间的沟通问题处理不好，会影响生活的质量、亲人间的感情。如果公司老板不能处理好与员工之间的关系，不懂得如何激发员工的积极性，公司便难以高效地运作，更无法发展壮大。

一、看起来就得像个成功者

像领导那样思维，多读有关成功人物的传记；像领袖那样穿着，拥有精致的衣柜，只穿高质量和给你增加权威感的服装；像领袖那样举止，改变你的身体语言，包括走路、坐立的姿势；像领袖那样处世，学会让别人喜欢你、尊敬你、拥护你。

形象并不是穿衣、长相、发型、化妆的简单组合，而是一个人全面素质的综合量化，是一个人外表与内在相结合给人留下的印象。形象的内容广而丰富，包括你的穿着、言行、举止、修养、知识层次、和什么人交朋友等。它清楚地讲述着你是谁、你的社会地位、你如何生活、你是否有发展的可能……

从某种意义上说，形象具有"先入为主"的作用，因为一个人形象的好坏，就等于给这个人贴上了一个标签，再次与之相遇或交往时，就会对其有一定的惯向性。如果某人给我们留下了较好的印象，即使他有某些缺点，我们也会寻找借口来为其掩饰，替他辩解。

形象是事业成功的一个重要的砝码。成功的形象对你的事业起着推波助澜的作用；不成功的形象则会破坏或阻挡你事业的顺利发展。

三国时期，庞统最初准备效力东吴，于是去面见孙权，孙权见其相貌丑陋，心中未免有几分不悦，又见其傲慢不羁，更觉不快。最后，广招人才的

孙权竟把与诸葛亮比肩齐名的奇才庞统拒之门外，鲁肃苦苦相劝，也没有改变他对庞统的不良印象。又如孔门弟子子羽也曾因为其貌不扬而被有"圣人"之称的孔子视为"才薄""不堪造就"，后来子羽离鲁南游，讲授儒学，从学弟子达 300 人，声名大噪，孔子感叹不已："以貌取人，失之子羽。"

虽然人们都知道"路遥知马力，日久见人心""心灵美才是真正的美"这些道理，但在人际交往中，总免不了受到外在形象的影响。正如庞统和子羽的故事，究其原因，都是因为不良的形象所造成的。

二、这是一个两分钟的世界

与人初次相识，要穿着得体、整齐，你的外表就代表了你。这首先是对自己的尊重，然后才是对别人的尊重。面带微笑，表示友好、热情，保持与别人的目光接触，表示你的专注和对别人的重视。握手要有力，用自己的身体语言展示出自信的态度，保持自己的仪态，保持上身挺立。把你的注意力给予别人，做一个专注的"听众"，不要夸夸其谈、自吹自擂，要考虑到别人正在观察你。

（一）穿衣之忌

（1）不要太过时尚，前卫的服装在商务活动中并不起积极的作用。

（2）不要穿得太紧，紧衣服让瘦人看起来憔悴，胖人看起来更胖，西装的尺寸非常重要，过大、过小、过紧、过松的衣服都会破坏一个成功男人的优秀形象。

（3）在男人的商务服装中，时尚多数表现在领子和扣子上，如果大领子衣服已经过时多年，你还穿就显得不符合时尚。

（二）衬衣的选择

（1）确保衬衣无斑点、渍迹。

（2）衬衣要与西服配合，不要胡乱搭配。

（3）深色、大图案、大条纹、丝质的衬衣都不属于商务服装，它们是你成功商业形象的杀手，但在与艺术相关的领域无妨。

（4）不要穿短袖衬衣与西服相配。

（5）衬衣的袖口要长出西服两指。

（三）穿西服的原则

（1）面料：西服的面料要 100% 毛料或至少要 70% 的毛料或毛与丝的合成材料。任何化纤制品都会看起来廉价、劣质。

（2）色彩：成功男性的西服一般是深蓝、灰、深灰等中性色彩。

（3）花纹：男性西服只能是纯色或暗而淡的条纹。任何大格、花呢的图案都不会使人产生好的印象。深蓝色西服加暗条纹被西方认为是强有力的男性西服。

（4）穿西服时，后领极为重要，要防止后领处鼓着大包，在购买名牌西服时，要注意后领。

（5）穿正装西服时严禁穿毛衣，在中国普遍的一种现象是穿西服时里面穿毛衣，这是"穿衣之罪"。

（四）领带——男人的自我宣言

不要买这几种领带：印有明星、美女、动物图案的领带；非真丝的合成纺织品、毛料、布料等粗劣的纺织材料所制成的领带；那些紫色、土黄色、粉红色、绿色等奇怪色彩的领带。要买图案含蓄、简单、色彩保守的领带；至少要有一条绛红色和蓝色的领带；买国际标准尺寸的领带。

根据衬衣领口形状不同，采用不同的领带打法，领口越宽，领带的结应

该越宽；领带的底部三角要正处于腰带的中间，长于腰带，显得不精干，拖拉在腰带之上，显得小家子气。

（五）擦亮你脚上的皮鞋

扔掉你所有的破皮鞋。每天擦亮皮鞋，沾满尘土的鞋会让人怀疑你是否讲究卫生，联想到你是否在事业上勤奋、成功；穿皮鞋时，只能穿优质的、黑色的、样式简单的牛皮鞋，皮革的、猪皮的、翻毛的、磨砂的、拉链式的、带有金属装饰物的都不合适。

（六）魔鬼藏在细节中

剪掉鼻毛，每天洗澡、刮胡子，用点古龙香水；每天换袜子、内裤，勤换衬衣，不要穿领口、袖口有污迹的衬衣；至少一个月理一次发，有头屑的季节，选用去头皮屑的洗发水，出门和走进顾客门前，检查自己的肩上有无头屑和落发；每天早、晚刷牙，常去看牙医，不要让口腔成为臭味的发源地。

第三章

导师智慧——把一棵树变成一片森林

　　社会是一个复杂而多彩的舞台，交际是这个舞台中必不可少的角色。演说成就人生，胸怀决定命运。如何扮演好自己独特的角色，适应时代的潮流，是一个既简单又复杂的事情，也是每个人都需要经历和学习的事情。

导师的胸怀决定教室的大小

世界上最广阔的是海洋，比海洋更广阔的是天空，比天空更广阔的是人的胸怀。宽广的心胸可以让你稀释人生痛苦，看淡名利得失，保持平常心，坦然面对生活。拥有大胸怀的人才能够拥有大格局，他不会让自己得过且过，他会耐住今天的寂寞，集中精力支配自己的时间，创造属于自己的辉煌。器量大小决定事业的大小，企业家的胸怀决定企业的格局，企业的格局决定企业的高度、宽度。你的胸怀有多大，舞台就会有多大。

魅力演说，改变人生格局

尊享故事　　非常感恩我的贵人于争荣老师带我进入尊享这个舞台，让我有机会与优秀的企业家们一起跟着杨林老师学习魅力演说。我想告诉大家的是，有这样一个女人，她以前比较自卑，因为她没有很好的人脉、没有太高的学历、没有很好的家庭背景，但是她通过学习，从当初两个人的团队都无法管理，到后来竟能在半年时间就组建千人的团队。她以前的生活只是想要赚钱，让自己和家人过上好的生活，但是通过走进杨林老师魅力演说的课程，她开始明白，一个人的成功不叫成功，一个人通过自己的力量帮助别人成功，让别人的生命更伟大，那才叫成功，那才会更伟大。于是她决定要把她的下半辈子投入教育事业。半年的时间，她已经帮助几百人走进杨林老师的魅力演说课程。那个女人就是我——邹咏桃，我希望拥有李咏一样的智慧和口才，站在舞台上去传递自己的思想，打造更多的创业导师。

我成长背后的核心就是两个字，"改变"。我出生在农村，又是家中的长女，我的父母用他们瘦弱的肩膀扛起了责任，用他们勤劳的双手为我们创造了幸福的生活，所以我觉得我有责任让我的父母晚年更加幸福。可是，每次我只是这么想，却没有这么去做过。有一次走进学习课堂，听到老师讲的一句话，我彻底地醒悟，他说："树欲静而风不止，子欲养而亲不待。"我当时泪流满面，所以从那一刻开始，我努力地去做业务。记得2009年的夏天，我每天背着业务包去拜访客户，去"扫大街"，一个夏天过去，我的皮肤晒得像炭一样黑，穿着凉鞋的脚，只有凉鞋带子的地方是白的，其他地方都是黑的。那时候因为不会做业务，所以赚的钱很少，但是我知道只有通过做业务才能真正改变自己，只有做业务才是自己唯一的出路。后来实在困难，我一狠心就把自己的金链子给卖掉了，我要学习，我要出差，我要做市场，我要成长。当我通过两年的努力，做出了优

秀的成绩，同时公司还奖励我一台车，我还可以带父母去韩国旅游的时候，我感到无比的欣慰，我觉得自己这一辈子给父母的不是成就，而是荣耀。父母要的不是金钱，而是子女事业有成、生活幸福。

唯有学习才会扩大我们的眼界，才会改变我们自己。我非常爱学习，走进尊享，杨林老师所有的课，我都会尽可能安排时间去学习，感恩杨林老师！

杨林点评

谢谢咏桃，对她来讲改变最大的就是学习，而学习最终的目的不是说要赚多少钱，而是让父母更有荣耀，让父母觉得咏桃的存在可以让他们更加的安心。

任何人，学习的宗旨不是为自己，而是为了大家，我相信这样的学习才能产生更大的价值。当一个人开始有所成就的时候，要想到的是让更多人有成就。在郴州成立尊享众城商学院的时候，咏桃加入尊享短短七天时间，就能够影响上百人来参加学习，更重要的是她个人的成长和团队的成长，她开始学会了拥有责任感、责任心，她在郴州的几位姐妹花都愿意给她支持和肯定，并且跟她一起来做好这份事业，而且是越做越大、越做越强，不管是做尊享还是做步多健，她们的团队都是当下非常优秀、直接拿成果的一支团队，这来自于咏桃的领导之心、学习之心。当她第一次走进我的魅力演说领袖智慧课程的时候，她第一次见到我，就马上成为我们最高级别的合伙人，因为她学习真的非常努力。

其实咏桃见过的老师非常多，她从过去到现在用在学习上投资的费用也不少，但她最后选择在尊享落地，我觉得一定有她的智慧之处，有她选择的道理。咏桃是一个值得交的朋友，在生活当中，如果你能够跟她去沟通，你会发现她满满的正能量，她是一个喜欢帮助别人的人，她是一个真性情的女子，她的出现，也让我们感到特别的骄傲，谢谢咏桃！

一、胸怀大格局，方有大作为

有一句谚语：再大的烙饼也大不过烙它的锅。这句话的哲理是：你可以烙出大饼来，但是你烙出的饼再大，它也得受锅的限制。我们所希望的未来就好像这张大饼一样，是否能烙出满意的"大饼"，完全取决于烙它的那口"锅"——这就是所谓的"格局"。换言之，格局就是指一个人的眼光、胸襟、胆识等心理要素的内在布局！

一个人的发展往往受局限，其实"局限"就是指格局太小，为其所限。谋大事者必要布大局，对于人生这盘棋来说，我们首先要学习的不是技巧，而是布局。大格局，即以大视角切入人生，力求站得更高、看得更远、做得更大。大格局决定着事情发展的方向，掌控了大格局，也就掌控了局势。

格局不同，人生际遇肯定不同。就以咱们身边司空见惯的人和事为例：女人最喜欢买衣服，在她的衣柜里，永远会少一件衣服的。比如，有一家庭妇女，她买了一件衣服，回头习惯性地跟邻居显摆，却发现同样的衣服邻居比她少花了 20 元钱，于是她数天耿耿于怀。显然，眼下这人的格局就值 20元钱了。再比如有一个乞丐，整天在街上乞讨，对路上衣着光鲜的人毫无感觉，却觉得同行是冤家，始终嫉妒比自己乞讨得多的乞丐，长此以往，这人的格局始终离不开洪七公的部队，估计这哥们一直就只能是个乞丐了。最后一个例子，三个工人在工地砌墙，有人问他们在干嘛。第一个人没好气地说："砌墙，

你没看到吗？"第二个人笑笑："我们在盖一幢高楼。"第三个人笑容满面："我们正在建一座新城市。"十年后，第一个人仍在砌墙，第二个人成了工程师，而第三个人，是前两个人的老板。

（一）拥有怎样的格局，就拥有怎样的命运

拥有大格局者，有开阔的心胸，不会因环境的不利而妄自菲薄，更不会因为能力的不足而自暴自弃。而拥有小格局者，往往会因为生活的不如意而怨天尤人，因为一点小的挫折就一筹莫展，看待问题的时候常常是一叶障目不见泰山，成为碌碌无为的人。

格局不够大，人生成就再高也有限。比如，一棵石榴种子的三种结局：放到花盆里栽种，最多只能长到半米多高；放到缸里栽种，就能够长到一米多高；放到庭院空地里栽种，就能够长到四五米高。"局限"就是一个人给自己设的"局"太小。人生所能到达的高度，往往就是人们在心理上为自己选定的高度。如果一个人心中从来没想过到达顶峰，那么，他也就永远不会获得成功！

大格局有大方向，不因为外界压力而改变。痛苦和迷茫，往往是因为方向不明。别把自己定位在失败者的位置上，不追求违背客观规律的速成，输得起才能赢得起。

大格局有大器量，不被琐碎小事牵绊。因为器量大小决定事业的大小，所以，要用人可用之处，不求全责备，原谅别人其实就是放过自己，善待良性竞争，克服嫉妒心理，保持平常心，坦然面对生活。

大格局有大志向，每一天都是一个进步的过程，从小事做起。定位高的人不会让自己得过且过，既要胸怀大志，又要从点滴做起，为了明天的成功，耐住今天的寂寞，集中精力支配自己的时间，学会优化自己的知识结构，充实大格局的内在支撑力。不断学习，在社会实践中做大人生格局，注重多思考，

在工作中，注意积累提炼，不断更新自己。

大格局不是冒进，但不排斥冒险。冒险不是赌博，而是看准方向再行动，比如有些时候，"鸡蛋也可以放在一个篮子里"。时机永远不会成熟，有五分的把握就去做，做事情时要掌握重点，别被小事绊住，想掌控未来，就要对未来有所预见，发现方向不对，就要主动学会放弃。

总之，格局不是先天形成的，和人生环境有联系，格局是一个人对自己人生坐标的定位，只要我们能够调整心态，就一定能够为自己建立一个大的格局。知识和技能是内力，合适的平台和丰厚的人脉是羽翼，如果能够充分利用这一切资源，让自己的每一天都处于一个上升的阶梯上，那么，未来的大格局与大发展肯定不是梦。

（二）提升境界、改变格局

格局是能够改变的，人的处境的变化会导致境界的转化，而境界的变化，最终会导致格局的转化！以人生病为例：如果让你小病一星期，你会发现金钱不重要，家人和身体很重要，大多数人都有这样的经历，这已经是普遍的得病心理格局；如果让你大病一个月，你会发现金钱特重要，身体和家人变得尤其重要，很显然，病人的人生格局增添了不少的新内容，金钱的分量逐渐加重了；如果大病半年，又隐隐约约好像不是什么好治之病，这时候的病人，估计特愿意放弃眼下一切的金钱和名利去换回他认为重要的东西，那就是健康，这成为一种奢求的时候，当然也成了他的格局。

一个人格局大了，未来的路才能宽！如果把人生当作一盘棋，那么人生的结局就由这盘棋的格局决定。想要赢得人生这盘棋的胜利，关键在于把握住棋局。在人与人的对弈中，舍卒保车、飞象跳马……种种棋局就如人生中的每一次博弈，棋局的赢家往往是那些有着先予后取的度量、统筹全局的高度、运筹帷幄而决胜千里的方略与气势的棋手。

在今天这个知识不断更新的时代里，我们不断刷新自己的知识结构，有一点最重要，就是尽量酝酿一种大胸怀。切记，有高境界才能有大胸怀，有大格局才会有大作为。

二、敢于分享，方有大快乐

一位哲人说过：两个人各有一个苹果，交换后你终究只有一个；但两个人都有思想，交换后你就会多出一个思想！分享是一种博爱的心境，学会分享，就学会了生活。好咖啡要和朋友一起品尝，好机会也要和朋友一起分享。很多人问我：你把自己的经验和智慧拿出来分享给别人，其他人学会了，就会抢了你的生意和饭碗，为什么你还要分享给别人？我想说分享是一种神奇的东西，它使快乐增大，使悲伤减小；分享是一座天平，你给予他人多少，他人便回报你多少。相反，如果你是一个自私的人，那么你就永远也不会得到真正的快乐，永远交不到知心的朋友！

分享能带给人们精神上的充实与快乐。分享是一种大智慧。懂得分享的人能收获高于常人几倍的快乐。比尔·盖茨曾说："每天清晨当我醒来，我便思索着如何与他人分享我的快乐，因为那会使我更快乐。"比尔·盖茨的确如其所言做到了分享：他与世人分享他最新的研发成果；他与社会分享自己的财富；他在分享中得到了人们的敬重，在敬重里获得了更多的快乐。

不会分享的人只能在以自我为中心的小圈子中自以为"幸福"地度过每一天。没有分享，便不能开阔心胸，而心胸狭隘如何能有真正的快乐？分享就似一种催化剂，有了它便可以催生出更多的幸福与快乐。

分享能够提升人生的情趣与境界，赢得人们的尊敬。竹林七贤徜徉在山水之间，在分享彼此的志趣之时升华了各自的情谊；苏轼与王安石虽然政见不同，却喜欢互相探讨诗词、分享两人的文学见解，因而他们的友情坚如磐石；居里夫妇毫不吝啬各自的一点一滴，无论是财富抑或是科研成果，他们都与世人同享，所以他们成为了我们爱戴尊敬的对象。因为分享，人与人之间的隔阂渐渐消失；因为分享，他们收获了双倍的幸福；因为分享，他们得到了世人的尊敬。

　　分享能使各种文化和谐相处，使国际关系更加融洽。世界是一个大家庭，各国灿烂的文化需要与世人共享。回想中国古代闭关锁国的历史，我们不难发现，在一个封闭的环境中文化的趋同与单一会日益严重；再想想二战时期法西斯对于人类、对于文化的肆意扼杀几乎将世界一步步推向衰败。现代社会需要和谐，我们应当学会分享。因为分享能让文化走向一个又一个新的高峰，分享能创造一个和谐宁静的国际大环境，分享将使世界这个大家庭更温暖！让我们懂得分享，让我们试着分享，让我们充分发挥分享的魔力，让分享这个神奇的词语在生活中熠熠生辉！

演讲的每一个细节都很重要

细节决定成败。对于演说家来说，更是如此。在演说过程中，任何一个细节的疏忽都会导致整个演说的失败。我们不能让那么多的付出、努力因为一个小细节而付之东流。我们是演说家，我们要比任何人都注重细节的完美性，有了完美的细节才会有成功的演说。

魅力演说让我们的人生飞得更高

尊享故事

在我们的讲师当中有一个老师，她叫陈跃辉，师范大学的教授，二十几年的教龄，去年她第一次参加魅力演说就发生了改变，觉得一定要继续学习魅力演说的课程。她通过魅力演说的方式，回到她的学校再来教学，吐字发音的改变、状态的提升、还时不时与学生进行互动，使她能轻易地把课堂气氛和学生的学习热情调动起来。以前大学里的公开课座位都坐不满，但是我们跃辉老师一开课，别的班的学生也跑过来听课了。更重要的是，通过这个方式，她更出名了，很多其他学校的老师请她去做客座教授，很多地方的企业也请她去讲专场。她现在在外面拿的收入比她在师范大学里面的收入高十倍。可见，魅力演说是很关键的。

尽管她上过《天天向上》《快乐大本营》，汪涵跟何炅都采访过她，她已经非常知名了，但她还是决定成为我的终身弟子。

包括很多公务员，他们学会了魅力演说，学会了吐字发音，做报告也不再像过去那样千篇一律了，变成了发表演说。还有一些人开会之前也用我们那一招：左脚右脚，哇，今天是多么美好的一天，充满着爱、热情、付出、感恩、忠诚！

所以在学习魅力演说的整个过程当中，我们要深深地知道学习的知识需要用到生活上、用到工作中，然后改变也会随之而来。当我们越来越愉悦的时候、越来越绽放的时候、越来越投入的时候，意想不到的结果也会发生在我们身上！

杨林点评

在魅力演说的课堂上，当我教学员们如何吐字发音的时候，如果这个词比较重要，我的声音就会重一点，尽力做到高低起伏、快慢相接、轻重配合。

这样的吐字发音会有什么样的效果呢？因为人听久了，可能都会打瞌睡，突然间一个字说得很重的时候，他猛然间就醒了。我们会发现，很多学生在

听课的时候，特别是在学校里面，他们或许压根就不想睡觉，为了自己不睡觉，他们还掐自己大腿、捏自己耳朵，但老师讲的课就是让他们想睡觉，毫无办法。其实如果这些老师也学会了魅力演说，掌握了吐字发音、抑扬顿挫，我想这些学生一定会很喜欢这个老师的。

一、举手的速度

演说过程中我们总会有一些问题要向听众提出，而举手的速度既是他们对这个问题感兴趣的程度，也是他们精力是否集中的表现。

演说家虽然是一个人站在台上，但我们绝对不能将演说变成独角戏。很多演说家会有这样的表现：一个人站在台上神采奕奕口若悬河，滔滔不绝只顾自己讲得过瘾，没有停顿、没有过程，也不和听众互动沟通；或是也会提出问题，听众也会举手，但是演说家根本不在意举手的过程。听众举听众的手，他们演他们的说，完全是不相干的事情，如此演说的结果只能是一败涂地。

演说家在演讲过程中，需要想尽一切办法，用尽一切技巧调动听众参与到演说中。因为只有听众的参与才能够让演说变得有意义，让演说更完整和成功。有些时候，还需要提出一连串的问题，让听众举手。这样做有两方面的好处：一方面可以让坐得久的听众有一些肢体上的放松，让他们重新集中精力；另一方面也是帮助演说家对演说效果进行确认，对下一阶段的演说内容进行准备。

举手的速度是听众对演说效果的反馈，通过听众举手的速度，我们可以观察到听众的参与度、对我们问题的兴趣度以及演说的热烈度。一场精彩而出色的演说是演说家和听众从思想、思维方式、观点、实际运用等方面全方位的碰撞和融合。我们演说家是要满足听众的实际需求，而不是做一场一个人的独角戏。举手的速度就是在演说过程中，听众给予演说家的一个重要信息。从这个细节当中，我们可以抓住许多对我们演说有力的内容并加以利用，从而使得我们的演说现场成为演说家和听众交流方法、沟通思想、智慧碰撞的大舞台。

二、肢体语言的收放自然

演讲这两个字，一个是演，一个是讲，这个演就是表演的意思，表演就是用身体来表现，用肢体语言来传达信息。美国社会学家艾伯特·梅尔贝因说过："人类通过三种方式接受信息：55% 通过视觉，38% 通过声音，7% 通过言语。"演说家所展现的肢体动作就是给予听众最直接的视觉语言。如果我们能够适当地展现自己的肢体动作，那么我们的演说就会给听众留下非常美好的第一印象，从而让听众认真对待我们的演说。

演讲中的肢体语言主要有三个部分，一是站，二是表情，三是手势。

站是总体，一个演讲者往台上一站，就有一个总体的效果，好的站姿能给听众一个良好的第一印象。对站姿的基本要求很简单，就是三个字：正、直、稳。站的正，要端正；站的直，要挺拔；站的稳，腿脚要稳定，避免晃动和摇摆，也就是"站如松"。男性演讲者双脚应与肩同宽；女性演讲者则尽量并拢，或是丁字步站立。

表情，人要靠面部表情来表达喜怒哀乐，在演讲中，丰富的表情是必不可少的。表情人人都有，人人都会，但在演讲中却不一定人人能用，主要是刚开始的演讲者不习惯来表演自己的表情，这需要用专门的表演类课程来拓展。

手势，在演讲的肢体语言中，运用最多的就是手势，没有手势的演讲是呆板的演讲，没有手势就没有活力、没有生气，手势也是最容易掌握的肢体

语言，只要稍加训练，每个人都可以运用自如，以下就对演讲中的手势做一个详细介绍。

（一）手放在哪里

关于手，大家碰到的第一个问题就是走上台来，手该放在哪里。初次登台的人总是手足无措，手不知道该放在哪里，有人会背在后面，有人会插在兜里，有人会抱着双臂，还有人会捏衣服，或者紧张地攥着手中的演讲稿，好像抓着一根救命稻草。正确的姿势是双手横握，平放在身前即可（也可以双手自然下垂两侧，但会略显单调）。女性演讲者可以把一只手掌心向下，另一只手掌心向上，轻轻搭在一起，可以显示出女性的优雅；男性演讲者双手平放胸前。如果一只手持麦克风，则另一只手平放即可（顺便提一句麦克风的拿法，麦克风应当竖持，在音量允许的情况下，尽量不要挡住脸，不要学有些歌星那样不规则的握法）。在台上要避免双手插兜、双手抱臂这样的动作，这类动作会让人觉得你在防卫、抗拒别人，或是缺乏安全感。手要放得自然、放得稳，避免抓耳挠腮这样的小动作。

（二）手势的分类

按照手势的表现内容，可以把手势分为指示手势、模拟手势、抒情手势和习惯手势。

指示手势，就是用手势来指示某个特定的对象，比如竖起食指，就表示指一个人、一个事、一个方向、一个观点、一个概念等，这个就是指示性的手势。

模拟手势，就是用手势来模拟一个动作、一个行为，或是来描述尺寸、距离等。比如我们说一个东西大，就可以张开双臂来比划一下它的大，说一个东西小，就可以竖起小拇指来比划它的小，这些都是模拟手势。模拟手势比较容易掌握，只要大家放得开，总能做出一些来。注意模拟只要神似即可，不要过度地模拟现实中的动作，动作太大会让听众分心，影响了演讲的内容，造成喧宾夺主。

抒情手势，就是用手势来表达感情，比如兴奋时双手舞动，愤怒时双拳紧握，无奈时双手摊开，痛心时顿足捶胸。人的喜怒哀乐，都可以配合手势语言，作为表情和声音之外的一个有力强化。

习惯手势，指具有演讲者个人特点的手势，比如某些名人演说时，会有一个习惯性的动作。习惯性手势并不是演讲所必须的，所以不必去掌握，而且要避免一些具有不良效果的习惯，比如手插口袋等。

（三）手势的位置

按照手活动的高低位置，可以分为上、中、下三个手位。

上位，就是手势在肩部以上。上位手势一般用于表达激烈的、热烈的、兴奋的、鼓舞的，具有积极、正面内涵的内容。比如说"我们有信心明年拿第一！"这时就可以握拳高举，或是呼喊一些口号时，也同样用这个手势。

中位，就是手势在肩和腰之间的。大部分手势都是在这个范围内使用，除了有意义的手势之外，还可以做一些无意义的辅助性手势，比如切西瓜公式。伸出双手，按口诀来比划一下：一个西瓜（双手画圆），切成两半（单手中分），一半给你（双手左侧），一半给他（双手右侧）。这样的无意义手势基本上可以应用于任何内容，避免没有手势可做时的呆板。

下位，就是手势在腰部以下。下位手势一般用于表达低沉的、冷淡的、沮丧的、批评的，具有消极、负面内涵的内容。这种手势用得较少，演讲者在演讲中不应过度流露负面情绪。

（四）手的姿态

手的形态主要有三种，指、拳、掌。

指：手指，一般是用食指，一般认为，竖起中指是一种侮辱性的手势，

当然不能用。使用手指有两个用处，一个是指向，另一个是强调。指向，就是代指某一件事情、某一个人、某一个物品。当我们说："有这么一个……"时，就可以伸出一个食指，指向你描述的对象。强调，是说当我们需要引起听众注意、或是讲到特别突出的地方，比如说"大家注意，这一点非常重要"时，就可以用手指表示强调。特别注意，手指可以虚指，但不能实指，不能用手指来指向现场的某一个具体的人，用手指指人是一种不礼貌的行为，尽量避免，这一点除了演讲之外，其他场合也是如此。

拳：就是握紧拳头。拳头表示一种力量，或表达一种强烈的情绪。比如义愤填膺、鼓舞斗志、高呼口号，这时就用拳头来代表力量和决心。比如讲到"我们一定要拿第一！大家有没有信心？我们是最棒的！"这时就可以高举拳头，彰显力量。

掌：就是手掌，手掌是最常用的手势，可以代表某种含义，也可以是无意义的比划，比如上文讲到的切西瓜公式，仅仅就是为了避免演讲姿势的呆板而随意为之。

除了上面所讲的手的三个主要姿态外，还有一些姿态，比如兰花指，这是女性特有的姿态。女性适当使用兰花指，可以体现出一种优雅，让演讲浮现出一种脂粉气，但男性演讲者切不可使用，否则就要被人说娘娘腔了。

（五）手势应用的原则

在演讲中应用手势可以千变万化，但有一些原则还是要遵循的。

（1）开放性原则。开放性指手势要落落大方，要伸展，不能过于拘谨。伸手出去，就要以肩为轴，把臂膀全部伸出去，避免肘部不动，仅仅伸出小臂划动。男性演讲者如果动作幅度过小，就显得小家子气。开放性原则的另一层意思就是要避免封闭性的手势，比如上文讲到的双手交叉抱于胸前，在肢体语言中，这种姿态代表抗拒、不信任、缺乏安全感、自我保护等意思，演讲者在台上做出这类姿态，就有一种拒人于千里之外的感觉，双手插兜也有同样的意味，给人一种藏着掖着的感觉，这类封闭性的手势都要避免。

（2）自然原则。手势要做得自然，要有感而发，要与演讲的内容相配合，不能生搬硬套。不能用固定的一套手势来贯穿全场。最好不要去记演讲教材上那些看上去很美的手势，别人做得优雅，你未必就能用得漂亮，西子捧心是美，东施效颦就是丑。手势也不能做得过多、过大、过快，过犹不及，手势用过了头就影响了演讲的内容，分散了听众的注意力，喧宾夺主，而且给人一种张牙舞爪的感觉，女性演讲者尤其要注意手势的度。

总之手势使用的原则就是一切以演讲内容为核心，一切为演讲内容服务。

三、演说语气的抑扬顿挫

一句话、一段语言都有着自身要表达的意思，而语气的抑扬顿挫不仅能将意思表达得更具体完美，而且能将内容表达得更加出色和精彩。多变的语气是演说家的制胜法宝。每一个成功的演说家都会用语气来更好诠释自己的演说，用语气的变化来达到万众瞩目的效果。富有节奏感的语调不但能让演讲内容朗朗上口，也更容易打动听众。做到抑扬顿挫不仅需要演讲者吐字准确清晰，还需要语调随着演讲内容的更迭而变化。可以说抑扬顿挫的语调是演讲者情感色彩的最直观表现，可以让听众耳目一新。

意大利有一位音乐家，他非常擅于发觉不同音调给听众带来的感受，在一次演奏中他生动地再现了抑扬顿挫的重要意义。这是一次没有任何音乐器具的舞台表演，他从容地、有节奏地、有变化地为场下听众数了一百个数，从一到一百，每一个数字在他口中都有不同的发声效果，听众们无不为之倾倒，有人洗耳聆听，有人感动得泪流满面，最后都变成了热烈的掌声。由此可见，

抑扬顿挫的语调在舞台上有着特殊的效果。

然而，抑扬顿挫的演讲效果并不是每个人都能够做到的，有的人即使做了充足的演讲准备，也会在站上讲台的一刹那方寸大乱，下一句的演讲词是什么已然忘记，更不用说抑扬顿挫地进行词句修饰。所以说，要想很好地掌握抑扬顿挫的演讲技巧同样需要练习，在这里着重讲述重音和停顿地运用。重音和停顿作为抑扬顿挫的两大关键点是演讲者应当注意的，无论是登台演讲还是日常交流，能够把握好语言的抑扬顿挫，通常都能够吸引听众。

（一）重音的运用

不只是演讲，在日常交际中我们也常常会运用到重音，它一方面能够起到强调的作用，另一方面也能够起到区别词义的效果。重音通常有以下三大类型。

（1）语法重音。这是指特定的语法规律下的重音，比如某个字在词典中要求被重读，那么当它运用到某段话中的时候也应当重读，否则演讲者就会犯最基础的语法错误。

（2）逻辑重音。在演讲中特定的内容和重点部分可以运用重音，比如领导在总结会上进行公开讲话，讲话内容有轻重缓急之分，所以领导也多会运用重音来强调重点。

（3）情感重音。演讲者为了表达自身感情和独特思想会在演讲中安排重音，这里的重音不一定重，也就是轻重音，它往往会和停顿相搭配，从而起到区别和强调的作用。除此之外，演讲者还可以利用提高音量、拖长音节、一字一顿等方法来凸显重音。

（二）停顿的运用

恰到好处的停顿能让整个演讲氛围变得自然生动，也能够给听众留下一定的思考空间，不至于让演讲变得拥堵急促，一般来说停顿有以下四大类别。

（1）语法停顿。语法停顿是指语法上对停顿有一定的要求，通常中心词和附加词之间应当有一个停顿，另外，标点符号处也应当有停顿，停顿时间的长短根据符号的不同各异，标点符号按照停顿时间的长短可依次排列为句号、问号、感叹号、分号、冒号、逗号、顿号，演讲者切忌犯语法停顿错误。

（2）逻辑停顿。逻辑停顿也称思路停顿，它既可强调演讲内容，也可为听众提供思考的时间，当然这种停顿也能够为演讲者提供呼吸换气的时间。

（3）情感停顿。情感停顿也称为心理停顿，它为情感服务，能够体现微妙复杂的心理感受。例如"我认为没有人能够像他那样（停顿）敬业、负责、甘于吃苦！"这里的停顿就能够凸显出演讲者情绪的激昂，也能够瞬间拉回听众的思绪。

（4）特殊停顿。特殊停顿能够在演讲中起到特定的效果，可变含糊为明确，例如"最便宜的一套（停顿）仍然价值一万元"这种停顿就表现出这一套物品的贵重；可变平淡为着重，例如"许久以来众人都（停顿）颇为看好他"；也可变直白为起伏，例如"在座的人（停顿）谁（停顿）都心知肚明"；还可变紊乱为整齐，例如排比句的运用。

内容过硬才能够赢得听众

　　无论眼神还是语气，都是为演说内容服务的。只有演说内容过硬，才会获得听众的认同和喜爱。超级演说家都会对演说内容进行独特的设计。这是演说中的一种技能，包括：明确演说之后想得到什么结果，针对每个观点设计故事，让听众有参与回应，设计针对听众有可能产生的反对意见，设计开场白和设计演说结尾等。这是很多演说家的经验之谈。

公司是我温暖的家

尊享故事

　　不是每个女孩子一开口都能说出一番漂亮的言辞，但每个人都有这方面的潜力。在进入尊享前，我学习的是茶艺，作为茶艺师，每一天都只是安安静静地沏茶泡茶，跟顾客基本上也没有什么交际，从未想过有一天自己能够轻松自如地与客户交谈，甚至可以站到讲台上，与更多的人一起分享。

特别感恩杨林老师和黄芬董事长成立尊享，如果没有他们，我的人生会错失很多成长与收获。尊享一成立，很荣幸我也是一员，中途因结婚生子，所以工作被一时耽搁，其中不乏黄董事长的关心和看望，2015 年 4 月我再次回归尊享，因为相信所以选择。而且亲眼见证着尊享越来越大，越走越好。

在这儿我深切地感受到家的温暖，家人般的照顾。因为家庭原因我也有大部分时间需要照顾家里，但公司都表示理解，真的很感谢，让我家和公司都能拥有，杨老师每天的行程是很忙碌的，到全国各地去做演讲，他能够在百忙之中还总是想到我，会时不时收到他的鼓励和红包小惊喜，真的很开心。尊享是我们大家共同的公司，杨林老师与黄董事长能想到我们尊享的每一位成员，股权与每一位尊享员工分享，这种大爱真的让人十分感动，也感谢公司可以做到如此的体贴。

以前的我，喜欢安安静静的，不知道怎么跟别人交谈，进入公司后，受到杨林老师潜移默化地影响，渐渐地也变得健谈和自信起来。工作的时候，会接触到各种各样的客户，学习了魅力演说后我也可以轻松自如地应对各种情况。在尊享，我不仅过得充实，而且收获了财富与快乐。

杨林点评

贝贝是公司刚成立的时候就进入公司的，公司最开始是由贝贝、我的妻子黄芬和周莎莉三个人组成，后来拥有一个完整的团队，到现在已成立了多

家分公司。一步步走来，公司越做越大，员工越来越多，每一个人都在不断成长、进步。非常感谢贝贝在公司成长中付出的努力和做出的贡献，尊享有你，是我们的骄傲。

在工作和生活中，我们需要与形形色色的人打交道，如何处理这些事情，看似简单，但实际操作起来却非常的复杂。因为你的不善言辞或是一句无心之失就有可能破坏一桩生意、一段友情。魅力演说是适合大众，能够帮到每一个人的。在公司，尽管每个人都有自己的岗位和职责，但每个人仍需为自己代言。

一、明确演说的目的

演讲作为一种现实的社会性活动，其目的或目标可用一句话来概述，即争取最大限度的"共同性"。这里所说的"共同性"是"取得共识、建立同感"的意思。可是各种不同的演讲也有其本身的目的，有宏观的和微观的目的之分，还有现场的和散场后的目的之别。

（一）演讲的目的

从总体上看，演讲的目的就是演讲者与听众取得共识，使听众改变态度，激起行动，推动人类社会向理想境界迈进。演讲无论是宣传自己的主张、观点，或是传播道德伦理情操，还是传授科学文化知识和技艺，都是为了让听众同意自己的主张、观点和立场以取得共识，并在此基础上激发听众的实际行动，向着理想境界迈进。这是演讲的公共目的和意义。

（二）现场目的和散场后目的

我们还可以从演讲者所追求的目的来看演讲的目的，一般有现场目的和散场后目的两种。

从现场目的来看，每个演讲者都希望演讲能成功。这一目的完全可从现场和直观效果反映出来，如听众的表情、情绪，或捧腹大笑、或义愤填膺、或欢呼雀跃、或泪水横流、或高呼口号、或掌声雷动，这就表明演讲者的实用目的符合了听众的实用目的，引起了共鸣。当然，现场的效果仅是表面的，关键是演讲者的实用目的、演讲的内容打动了听众的心灵。

当然任何演讲者都不会只停留在现场的目的上，而是更注重散场后的目的，即听众的实际行动，这才是演讲者的最终目的。

演讲现场的目的是散场后目的的前提和基础，散场后的目的又是现场目的的归宿。没有现场目的的实现，就不可能有散场后目的的实现。如果只追求散场后的目的，忽视追求现场目的，散场后的目的不过是一句空话，演讲也就失去了意义。演讲是一种复杂的社会实践，更是一种工具。人们拿起工具总是有目的的，没有目的的演讲是不存在的，只有目的的正确与否、高雅与否的不同而已。

另外，值得注意的是听众的目的。听众是无数个个体的集合，由于这些人年龄、性别、文化程度、兴趣、职业等不同，听演讲的目的也自然是各不相同的。

林肯解放黑奴的演讲，听众有拥护的，也有反对的，可见其目的是不同的。即使目的都一样的听众，对同一内容的演讲也往往各取所需，各有偏重。但从总体上说，演讲者的具体目的和听众个体目的是统一的。

总之，每位演讲者必须确立明确的演讲目的，做到宏观和微观的统一、表层与深层的统一、目前与长远的统一，这样的演讲才是有意义、有价值的。

演讲对于领导者来说，具有如下重要作用。

（1）表达自己的思想。领导者在实施领导的过程中，都会碰到表达自己思想的问题，学习演讲的第一件事就是有条理地把思想和材料组织起来，以便学会把演讲者想说的话，言简意赅地说出来。每个人都必须根据自己的风格、特点，培养自己的演讲风格，有效地表达自己的思想。

（2）增强自身的责任感。一次成功的演讲，必然能透示出演讲者的内心世界，是演讲者语言和行动的结合，听众在倾听演讲者演讲的同时，也在观察演讲者的行动。因此，演讲者面对众多听众发表自己的观点、见解，就必须对自己说出来的话负责。

（3）培养自信心。演讲可以帮助领导者逐渐增强自信心。现实生活中，一个人的自信心是否坚定，对他的事业成败起着关键性的作用。而演讲时的恐惧和胆怯，是一种保护自己避免陷入困境的本能表现，当人们能够自信地驾驭它的时候，恐惧和胆怯就将烟消云散，并会转而成为喜欢这类演讲场面。

（4）更好地与人相处。当领导者想对别人阐明一个观点、想法时，就会发现自己到底懂了多少，从而进一步地认识自己，并设法充实自己。在此基础上，领导者也将更善于与人相处。因为，在演讲过程中，领导者可以学会更好地了解别人，而通过演讲，领导者缩短了与听众思想感情上的差距，与听众建立起了友谊的桥梁，从而更好地与别人相处。

二、针对每个观点设计若干故事

在演说过程中，讲故事是一个很重要的环节，在设计演说内容的时候，我们要将自己全部观点整理出来，并对每个观点设计若干不同的故事，设计的故事可以如下。

第一个是名人故事。因为名人的故事具有很强的说服力，也因为我们都认识名人、知道名人的事情，所以听众会相信名人。

第二个是身边的故事。身边的故事是我们自己的亲身经历，讲起来不仅精彩而且合乎逻辑，也会产生很好的效果。

第三个是自己的故事。自己的故事是最独一无二的，也是最真实的，没有人比我们自己更了解自己，所以自己的故事是最得心应手的故事，往往也是演说中效果最出色的部分。

这三个故事的设计要围绕演说内容和主要观点展开，要运用能证明自己的观点，并能说服听众的故事。这样设计才会让听众在听故事的同时，接受并认同我们的观点，以求达到故事效果的最大化。

三、从听众的角度思考和设计演讲

每一个演讲者都希望自己的演讲具有很强的说服力与感染力。如果演讲者能站在听众的角度思考问题、分析问题，那么这样的演讲往往更能以情感人、以理服人。在演讲中，怎样从听众角度进行思考与分析呢？我认为可以运用以下几种方法。

（一）演讲者设身处地为听众着想

在演讲中，演讲者设想自己处在听众的地位或境遇中，能最大限度地满足听众的心理需要，从而使演讲者与听众的心理相容，使自己的演讲让听众听得进、能接受。上海某工厂新分来了一批失足青年进厂工作。该厂厂长在接待这些失足青年时，发表了简短而感人的演讲："我热烈欢迎你们到厂来，共同为振兴我厂工作。你们用不着把过去的情况对我讲，我也不会来问你们过去的事，我更不许别人来议论你们过去的事。因为我清楚地知道，你们痛恨过去的行为，已经开始向昨天告别。你们不希望重提旧事，更不希望听到任何讽刺打击，来继续伤害你们的心灵。你们渴望得到组织与同志的理解、鼓励与尊重。你们愿意重新开始人生的旅程，迎接光辉灿烂的明天。我理解你们，只要你们努力工作，我一律平等、一视同仁！"这位厂长设身处地地讲出了失足青年的心里话，演讲像一颗定心丸，鼓起了失足青年开拓明天、

争取新生的勇气与信心，因而也就取得了比较好的演讲效果。

（二）演讲者的引导，使听众身临其境

在现实生活中，由于演讲者与听众所处的地位不同，他们各自对事物的认识也往往是不同的，并且他们缺乏对对方的生活经历与情感的体验。如果演讲者能引导听众身临其境，那么就能深刻地了解对方，从而达到彼此心灵上的沟通、感情上的融洽、行动上的一致。

（三）演讲者的假设，与听众形成共识

在演讲中，演讲者运用假设，从对方的角度来思考问题，会起到互补的作用，更容易形成双方的共识。上海轻工业局举办了一次"企业有困难，我们怎么办？"的演讲比赛。有一位工人演讲的题目是《假如我是一个厂长》。他说："企业正面临着前所未有的困难，原材料涨价、资金短缺、市场疲软、效益滑坡……假如我是一个厂长，我牢记三句话：一是与其在逆境中拖垮，不如在拼搏中奋进，继续发挥企业精神，带领职工知难而上，决不向困难低头；二是不找市长找市场，我决不乞求政策、等待改革，而要果断地调整产品结构，适应市场需求，在竞争中生存，在生存中求发展；三是人心齐，泰山移，干部与群众要同心同德、同甘共苦、同舟共济，这样没有什么困难不能克服。"这位工人的演讲之所以成功，是因为他知道听众中的绝大多数是工人，他们渴望听到厂长在困难时的声音。他用一个工人的话来讲出厂长的心声，促使干部与工人原先的互怨和不满的消除，使厂长与工人形成共识：齐心合力，共渡难关。

演说的开场和结尾很重要

一场优秀的演讲犹如一篇优秀的文章，如果把开头比作商店的门面，我们要努力把"门面"装饰得新一些、奇一些、美一些，使文章更生动、更深刻、更引人入胜。成功的结尾，能使读者更深入、更透彻地理解文章内容，进一步领会文章的中心思想；精彩的结尾，能唤起读者的思考与共鸣，增强文章的感染力，结尾当如撞钟，"清音有余"。

演说不仅是一堂课程，更是一种生活方式

尊享故事

我记得我们的一个学员，彭成，她听完我的魅力演说课之后，决定要做合伙人，然后从家里拿了6万现金。但是等她刚出门，她老公开着车就在后面追，弄得像警匪片似的，她老公追到车子连油都没了。

　　彭成到了公司，她把钱给我时，我分析了一下这个事情，决定先不收她的钱，让她先解决好她们夫妻之间的事情再说。然后我和她一起吃饭，吃完饭后，我把她之前预订课程的1000元学费也退给了她，当时财务还不在，钱我先垫着。后来她老公来了，我让他们先回去，因为那个时候她老公心中认定的结果不是一下子就能够改变的，所以让他们先回去，回去再仔细商量。不过因为彭成之前还交了6800元课程的学费，所以她说这个课她肯定要去的，她老公就说："我跟你一起去，我旁听！"当时她老公还说："我旁听的目的就是找更多的理由让你回心转意！"结果第一天听完课后，第二天早上他自己捧着6万元现金到我公司。他说："我听完之后，终于感觉到了你们是在做一件很伟大的事情，是在帮助他人成长！"现在他们夫妻关系很好，也更加自信、更加有能量了。

　　一个人的财富，有两个人对你的影响是非常大的，一个是伴侣，一个是合伙人。我在一次公开课中讲过一句话，我说："不管是台风还是龙卷风，都比不过枕边风。"你的另一半什么都不用做，他用语言就可以摧毁你。

　　魅力演说不仅仅是一堂课程，它更是一种生活方式，很多人在其中不仅能找到智慧，还能发现为人处世的方法、生活的真善美。彭成这样的案例也说明了，你不能一下子就能让所有人都看懂你，但时间可以证明一切，我们所做事情的出发点可以证明：我们就是在做一件非常伟大的事情！

杨林点评

如果决意去做一件事了，就不要再问自己和别人值不值得。心甘情愿才能理所当然，理所当然才会义无反顾。如果决意去做一件事了，请不要炫耀，也不要宣扬，只管安安静静地去做，因为那是你自己的事，别人不知道你的情况，也不可能帮你实现梦想。如果决意去做一件事，那就去吧，与其纠结、犹豫，让自己心烦气躁，还不如立刻行动起来，不给自己留退路，便只顾风雨兼程。

千万不要因为虚荣心而炫耀，也不要因为别人的一句评价而放弃自己的梦想。其实最好的状态，是坚持自己的梦想，听听前辈的建议，少错几步。值不值，时间是最好的证明。

一、如何设计开场白

每一次演讲，都最好精心设计演讲的开场白 5 ~ 10 分钟，因为这可能决定听众是否愿意听你讲，决定你演讲是否成功。大家都知道第一印象很重要，演讲的开场白就像我们给人的第一印象。

（一）以赞美的方式开场

人都是喜欢听赞美的，如果在演讲一开始，你先对台下的听众做一番赞美，也不失为引发他们共鸣的方式。在做公众或团体演讲的时候，有几个小地方，如果能注意到的话，一定能为你加分。

（1）做好事前的准备功课。如果在上台之前，能够先做一点功课，或是根据现场环境，立刻做出反应，才不会每次说出来的赞美都一成不变。听众就和个人一样，当你让他们觉得自己很重要，他们就会给你正面的回馈。

（2）发掘他人的价值。跟麦当劳员工演讲时，开场白是："每年，不知道有多少人吃过你们的汉堡，不过，我是少数几个，能亲自向你们道谢的人。谢谢你们每天提供大家这么方便、快速的餐点和服务。"

跟保险业务员演讲时，我曾说："很高兴今天能有机会跟一群很特别的人演讲，这群人能够为很多家庭提供保障，让很多人没有后顾之忧，而你们就是这群特别的人。"

（二）以悬疑的方式开场

我们前面提到，用各种赞美的方式来作为开场，目的是为了建立和谐，还有另一种方式，目的是要抓住听众的注意力，该怎么抓住听众的注意力呢？就是抛出问题，制造悬疑，想象你在听一场演讲，甚至在进行会议、简报时，主讲人第一句话就问大家："请问各位，二加二等于多少？"底下的人一片沉默，觉得这个问题太简单了，一定暗藏陷阱，自然会集中注意力。

"很多人认为答案是四，对不对？其实，二加二等于多少？答案有无限可能。打个比方，如果业务和生产部门合作无间，他们所创造出来的效益，就超过这两个部门加起来的总和，所以，二加二可以等于四，也可以等于五、等于六，而这就是我今天要来演讲的目的——我想跟各位谈谈团队合作。"用问题开场，打动人心。

（三）以故事的形式开场

故事，可以来自我们平时看过的报刊杂志、电影、电视，也可以来自我们的亲身经验。开场白所需的小故事，最好不要太长，也不要太复杂，最好在两分钟内说完，而且能衔接你所要讲的主题。不论是赞美、制造悬疑，或是说故事以及下文将要提到的引用名人的话，除了吸引听众，当你看到现场的气氛已经带动起来了，接下来的主要内容，你就能说得更从容、有自信。

（四）引用名人的话来开头

名人说过的格言，永远具有引人注意的力量，先让听众紧张怀疑然后往下解释。有人这样开始他的演讲："你知道吗？现在世界上还有奴隶制国家……"

这样一说，可以立刻引起听众的好奇心，听众会问："什么？奴隶制度？是哪几个国家？在哪个洲？这倒是一件稀奇的事，非听个明白不可！"

二、如何设计结尾

俗话说"编筐编篓，重在收口；描龙画凤，难在点睛。"演讲的结尾，就是演讲的"收口""点睛"。美国作家约翰·沃尔夫认为："演讲最好在听众兴趣未尽时戛然而止。"其意就是说，最好在演讲达到高潮时果断"刹车"，以此来强化给听众的最佳印象。

演讲的成败在相当程度上取决于演讲的结尾精彩与否。这是因为，如果演讲者设计和安排的演讲开头和高潮精彩，再加上有一个出人意料、耐人寻味的好结尾，那么，就如同锦上添花，会给听众带来一种精神上的愉快和满足。相反，如果演讲者设计和安排的结尾没有新意而贫乏无力，没有激起波澜而陈旧庸俗、索然无味，那就会使听众深感遗憾，失望而去。因此，演讲的结尾要比开头和主体部分要求更高，内容要更有深度，语言要更有力度，方法要更巧妙，效果要更耐人寻味。可见，演讲的结尾是走向成功的最后一步，它在整个演讲中起着不可忽视的重要作用。

好的结尾能揭示题旨，加深认识，给听众留下完整深刻的印象；能收拢全篇，使通篇浑然一体；能鼓动激情，促人深思，令人觉醒，能让听众在反复回味中受到教育和启发。所以，每位演讲者不仅要熟练地掌握演讲结尾的

艺术技巧，而且要善于设计，安排出既符合内容要求，又符合演讲时境的新颖而又精彩的结尾，只有这样才能使自己的演讲取得全面成功。

演讲结尾的类型和方法，多种多样，不拘一格，演讲者可根据自己演讲的具体时间、地点、主题、听众及自己个性等因素，选择适合自己结束演讲的方法，使之有效地为演讲的思想和目的服务。归纳起来，常见的演讲结尾方式大体可以分为以下几种。

（一）总结式

以总结归纳的方式结尾。这种结尾用极其精练的语言，对演讲内容和思想观点作一个高度概括性的总结，以起到突出中心，强化主题，首尾呼应，画龙点睛的作用。如演讲稿《永照华夏的太阳》的结尾：

"我们是从哥白尼日心说中认识太阳的，我们又是从历史的变迁中认识中国共产党的。八十年过去了，八十年斗转星移，日月变迁。月亮离不开地球，地球离不开太阳，人民离不开党。祖国的未来，中华的腾飞，需要中国共产党的领导，党就是永照华夏的太阳，也就是我们心中的太阳。"

这个结尾高屋建瓴、总揽全篇，巧妙地从自然界的太阳到华夏儿女心中的太阳的对比中，总结归纳出了地球离不开太阳，人民离不开党的结论。字里行间流露出对太阳的希望与向往，对共产党的歌颂与赞扬。给听众留下了深刻的印象。

（二）号召式

用提希望或发号召的方式结尾。这种结尾是演讲者以慷慨激昂、扣人心弦的语言，对听众的理智和情感进行呼唤，或提出希望，或发出号召，或展示未来，以激起听众感情的波涛，使听众产生一种蓬勃向上的力量。如演讲稿《一位纪委书记的小家和大家》结尾就是用提希望的方式：

"同志们，朋友们，我们正处在一个伟大变革的黄金时代，经济的发展，国家的富强，民族的振兴，需要全体人民的艰苦奋斗，特别是共产党人的模范带头作用。如果每一个共产党员都能正确处理好小家和大家的关系，严格地按党性原则要求自己，用党的纪律约束自己，用党旗下那神圣的誓言激励自己，那么我们党的形象将会更加光彩照人，我们党将会更加坚强伟大！　"

这种结尾的方式是演讲者用深刻的认识和独到的见解向听众提希望，发号召，能使听众精神为之一振，具有动人情、促人行的作用。

（三）决心式

以表决心、发誓言的方式结尾。这种结尾感情饱满，态度鲜明，激情奔放，有助于坚定听众的信念，增加演讲的感召力。如演讲稿《无愧于伟大的时代》：

"同学们，让我们高举起五四的火炬，弘扬民主与科学的精神，把爱国之情、报国之志化为效国之行，用我们的热血和汗水、青春和智慧，甚至是生命，向我们的先辈和后代，向我们的祖国和民族保证：我们将无愧于伟大的时代，无愧为中华民族的炎黄子孙！我们将无愧为跨世纪的中国人！谢谢！"

这种结尾言简意赅，语言真切，充分表达了演讲者鲜明的立场和坚定的决心，从而有力地鼓舞着广大听众朝着这一目标奋进。

（四）余味式

以留余味、泛余波的方式结尾。这种结尾语尽而意不尽，意留在语外，像撞钟一样，清音有余，余味袅袅，回味无穷。余味式结尾好像秋天瑰丽的晚霞一样，伴有渔舟唱晚的娓娓之声，让听众流连忘返，久久回味。如演讲稿《人生的价值何在》的结尾：

"雷锋在他短暂平凡的人生中，创造出了巨大的人生价值，给我们留下了无与伦比的精神财富，那么，亲爱的朋友们，在漫长而又短暂的人生之路上，我们将做些什么？创造些什么？留下些什么呢？"

这个结尾采取对比和提问的手法，听后令人深思，发人深省，叫人不得不扪心自问，三省吾身，给听众留下了哲理性的思索和回味。

(五) 抒情式

以抒情怀、发感慨的方式结尾。演讲本身是一种思想和激情的燃烧，用抒情怀、发感慨的诗情画意的语言结尾，最易激起听众心中感情的浪花。如演讲稿《奉献之歌》的结尾：

"啊！奉献，这支朴实的歌，这支壮烈的歌，这支深远的歌，这支永远属于母亲——我们的祖国的歌，让我们每一个中华儿女都来唱这支歌吧！"

这个结尾，感慨万千，诗意浓浓，情真意切，情理俱在，给听众以极大的鼓舞和力量。

(六) 名言式

以哲理名言警句结尾。这种结尾方式，是通过引用名言警句、谚语、格言、诗句等作为结尾，这样不仅使语言表达得精炼、生动、富有节奏和韵律，而且还可以使演讲的内容丰富充实，具有启发性和感染力，同时还可以给人一种生动活泼、别开生面之感。

每一个演说家都是学习大师

　　一个优秀而成功的演说家就是一个不断吸收新知识，并且不断更新自己的人。学习能力影响着演说能力，更是演说成功不可或缺的动力和基石。学习演说，我们都需要不断地学习，学习让我们的演说更加完美。

感恩社会，做一个正能量的健康使者

尊享故事

　　我是刘广庆，20世纪80年代末，大学毕业后成为一名珠宝鉴定工作者，如今也考评为高级工程师，已基本实现了自己的人生理想——当一名科学家。工作27年来，有广东和浙江两地10余年职业经理人的管理经验，曾帮助一家浙江大型民营企业在5年时间内产值从8000万元增长到2.6亿，公司员工由200人扩增到近1000人。我还从事企业管理咨询5年，

辅导过 20 多个大中型企业，让企业管理由混乱走向制度化、规范化，达到国际质量管理标准。

为了自己和家人身体的健康，我考取了国家二级公共营养师，并参加了一次营养讲师的比赛。原以为自己有点讲课的经验，可以获奖，结果名落孙山，前十强都没进。在我郁闷之时，听到了魅力演说首选导师杨林老师在台上的分享，他那精准的用词、绽放的肢体、抑扬顿挫的语音语调，这种精彩演讲的场面，让我立刻被杨林老师舞台上的超级魅力深深吸引，从此结缘魅力演说。

年近五旬的我，带着抗拒的心态走进了尊享魅力演说练习会，上台练习再次失利，通过私下的练习，终于在第二次参加练习会 PK 赛中获得个人冠军。正是杨林老师的点评和指导，强大了我的内心。自 2015 年 8 月 15 日走进 "魅力演说——领袖智慧" 等多个课程的学习，由此认识到尊享文化有着传播中国声音、影响世界的伟大使命，感受到杨林老师帮助众多学员和身边的人，达成他们一个又一个目标的大爱精神，以及开设 1000 场千人公益演讲，将向社会捐赠 10 亿元的爱心行动，我被杨林老师的慈善之举深深地折服！跟随尊享学习魅力演说，还能成就我的舞台梦想。由此我作出了人生又一个重大决定：加入尊享文化，传播魅力演说，成为尊享战略合伙人！

做出这个决定后，我抽时间投入了魅力演说练习会、精华班、导师智慧、合伙人密训、领袖智慧、商务智慧、讲师班培训、演讲智慧等各种课程的学习，一路走来收获满满，多次获得学习的个人冠军、团队冠军、还获得尊享第一个 "最佳辅导员"殊荣。个人的魅力演说水平突飞猛进，也得到了杨林老师的多次表扬！从此信心满满！

学习8个月时间就独立登上讲台举办个人魅力演说练习沙龙活动，切实地把感恩之心落实到具体的行动中，我个人的演讲魅力也在不断地提升，并且帮助其他学员学习、提升。3个月时间成功举办13次练习沙龙，帮助60多位伙伴成功登台发表演说，还有2位伙伴成为学习PK赛个人冠军，至今已传播魅力演说500多人次，影响20余位伙伴加入尊享成为战略合伙人。这段时间，看到新朋友一次又一次地突破自己，走上舞台成功地发表他们的第一次演说，特别是有舞台恐惧的那些学员在我的辅导下，学习完演讲六步骤成功登上了舞台之时，我很欣慰，也很幸福！

在杨林老师的启迪和引导下，我又点燃了下半辈子的梦想：要成为一名卓越的营养师，携手1000位营养行业同仁，帮助更多的人获得更健康的身体。以"健康活过100岁不是梦想"为使命，将用下半生的力量，投身于营养健康事业中，做一名正能量的健康使者。同时，还要坚持不断地传播魅力演说，成为一名卓越的魅力演说首选教练！让中国声音和营养健康走向世界！

杨林点评

人的生命不过3万天，在3万天里，我们学走路，长牙齿，读书，谈恋爱，找工作，建家庭，养育子女，然后培养子女们学走路，长牙齿，读书，谈恋爱，

建家庭，然后卷土离去。3万天的时间里，还要做几件事：吃喝拉撒，发呆，洗澡，睡觉。3万天的时间里，我们还要表现大笑，大哭，悲伤，发怒，眷恋，贪欲等各种表情，3万天的时间，我们还要唱歌，跳舞，看影视，看杂志报刊，盯着亲人看，盯着路人看……当这些必要或不必要的事塞满了一个人所有的人生旅程时，人一定要腾出时间去思考一下，人究竟是为什么活着？

当我们重新审视自己走过的路，会发现很多事、很多生活，并不是我们想要的，我们的人生依旧充满着迷茫、对不可知的恐惧……

活着是为了什么，为了展现价值，为人类社会的进步贡献自己的力量。每个人都找准了自己的位置，将自己的本职工作做好，那么，我们就会体验到成功，获得幸福，从而让社会进步，人类幸福。

一、虚心求教，听取他人的批评和建议

我们是演说家，但是我们并不完美，而且我们也不是事事精通，所以我们必须向身边所有的人虚心求教。哪怕这个人的学历、家世等各个方面都不如我们，我们也要从他的身上找出他的长处，然后求教于他。或许我们现在的演说事业非常成功，耳边的批评声越来越少，我们似乎也不需要他人的建议。但是，只要我们身上还有缺点的存在，我们就需要他人的批评和建议。

因此，放下所谓的成功者身段，用一颗平常心去向他人求教，并且耐心而真诚地听取他人的批评和建议。这样做才是我们进步的途径，我们也才会成为自己希望成为的人。

演说是一门综合的艺术，需要我们成为一个杂家。所以，在日常的生活中，只要我看到可以帮助我演说的人和事情，我都会追着人家把技能教给我。这些技能表面上看起来与演说的关系不大，但是在实际运用中却帮了我很大

的忙。比如让演员教我在舞台上如何收放自如地说话，收集一些生活中的真人真事并把它们编成故事等。

虚心地接受批评是成长的关键，只有接受他人的批评和建议，我们才会更加清楚自身的缺点和不足。无论我们多么聪明，拥有多少智慧，我们在用自己的眼睛看自己时都会带有很强的主观色彩。所以，我们要经常问自己："在他人的眼中，我是个什么样子？"带着这样的疑问，我们会在未来的路上学习到更多的知识和技能，也能够交到更多志同道合的朋友。最重要的是，我们会获得更有价值的批评和更有建设性的建议。

二、自我反省，鼓励自己不断成长

每一个演说家都应该养成这样的个人习惯：在每一场演说结束之后都要看一看演说的录像，并进行自我检查和自我反省。这样做的目的就是要督促自己不要停下脚步，不要骄傲自满，在成为超级演说大师的道路上不知疲倦地奔跑。

如果我们对自己的一切行为都非常满意，也不做自我检查和自我反省，那么站在演说台的我们就会盲目地骄傲自大，原本非常精彩的演说也会变成你一个人的大秀场，而听众也会由我们的交流沟通者变成单纯的聆听者。这样的演说是无聊且无趣的，你不仅砸了自己的品牌，也停止了自我成长。

要想让自我反省发挥鼓舞和激励前进的作用，就要建立起强大的内心世界，接受自己的缺点和不足，直面困难和问题。在每次的自我反省之后，我都会找到一些需要改进的地方，然后尽我所能地去改善演说中不足的地方。也许有些糟糕的情况不可能一下子好转，这个时候我会劝自己静下心来。只要我在进步，那么一切都会变好的。

自我反省就是自我学习的一种方式，而进行自我鼓励则是我们在成长过程中必不可少的动力源泉。

三、分享心得，成就自我的独特风格

演说是一个传递思想和分享心得的过程。所以，作为职业演说家的我们只有将自己对生活、事业、创业、财富等的心得充分地分享给听众的时候，才能够成就自我独特的演说风格。演说家最大的忌讳就是没有属于自己的演说风格，如果我们的演说没有任何个人风格，那么我们的演说就会淹没在众多的演说当中，并且会被听众以最快的速度忘记，留不下任何影响和痕迹。

要想通过分享心得来获得听众的认同感，就要首先参透听众的心理需求。演说家站上演说台之前都要进行一番非常周密详细的准备，而在这些准备当中最重要的，不仅是我们要讲什么，也要明白听众想从我们的演说中听到什么。如果我们分享的心得正是听众想要听到的，那么我们的心得就会成为演说家和听众之间的媒介，成为彼此了解和接受的开始。

演说风格是一场演说的个性标签，更是留给听众印象最深的部分。因为每一个人都会对与众不同的事物和人物产生兴趣，从而认真观察，进而了解并接受。听众在这个过程中会不知不觉地跟着我们的演说节奏走，跟着我们的喜怒哀乐去感受生活和人生。我们通过分享心得来掌控全场的听众需求，进行一场心得和观点的交流沟通。

四、完善技巧，让演说能力不断提升

对于演说家来说，演说技巧是我们赖以生存的武器。所以，完善我们的

演说技巧就成了非常重要的一项工作，演说技巧的完善也会让我们的演说能力以及演说所造成的影响力不断地提升和扩大。完全掌握和熟练地运用演说技巧是演说家的首要任务，也是我们演说事业上升的阶梯。简单地说，我们演说技巧的高低是与演说能力的高低成正比。

演说中所运用的技巧是在不断地更新换代的。如果我们对自己的演说感到心满意足，觉得我们的演说技巧已经足够用了，那么我们就将面临演说事业的下滑以及听众对我们演说的不满意。所以，我们要在不断地学习和练习中完善和更新自身的演说技巧。实际上，我们可以从许多同行那里学到自己不会的演说技巧。只要我们处处留心，就会学习到很多的新技巧。

俗语说："山外有山，人外有人。"我们所掌握的演说技巧也许在我们的圈子中已经很完美了，但是当我们走出去的时候就会发现，其他演说家所运用的演说技巧比我们的要好得多。因此，提升演说能力的关键点就是不断地发现新的演说技巧，并不断地完善自己的演说技巧。

五、终生学习，演说者的学习没有终点

我们的目标是成为超级演说大师，帮助更多有需要的人，用我们的思想和观点改变更多人的思维方式，改善他们的生活，并成就他们的事业。要想实现我们的梦想，最好、最有效的方法就是学习，不断地学习，终生学习。演说者的学习是没有终点的。我们一路走来，始终与学习相伴，用学习成就卓越。

成功是一个不断积累的过程。在这个过程中，我们能做的就是一边学习，一边进步。如果我们是急功近利的演说者，那么也许我们会收到一部分的短期效益。我们会依靠模仿演说大师们的课程创造一定的财富，拥有一定的影

响力。但是，没有自己的风格和主题，没有自己的思想和观点，没有自己的独特性的演说者，很快就会被淘汰出局，而那些所谓的演说也会很快被听众遗忘得干干净净。

当我站在演说台上开口说话的时候，我非常清醒而理智地知道自己是谁、我正在说什么、我要传递的思想和观点是什么以及我要如何达到我的演说目标。这一切都不是一蹴而就的，更不是讲了几场演说就能达到的。这一切都需要长期实战经验的积累以及学习、学习、再学习所获得的有效成绩。

演说者是不可以停下学习的脚步的，一旦不再学习，就意味着已经落后。我们要养成一个习惯：在每天睡觉前，对这一天做一个总结。比如，今天是否有在坚持学习？学到了哪些新东西？这样的习惯不仅会让我们不虚度每天的光阴，也会使我们养成学习的习惯。终生学习，才能成为最优秀的超级演说大师。

让幽默增添自身的魅力

　　幽默的口才是人际交往的法宝，是交流会谈中的调味剂，是沟通情感的纽带，沟通心灵的桥梁。风趣幽默的口才是一种艺术，它往往能使你产生"四两拨千斤""一言九鼎"的威慑力。

　　幽默对于人们来说并不陌生，和平淡的语言相比，虽是几句机智的话语，却是魅力无限。不仅因为它是智慧的体现，更重要的是因为它拥有能够化干戈为玉帛的魔力。幽默不是毫无意义的插科打诨，也不是没有分寸的卖关子，耍嘴皮。幽默要在入情入理之中，引人发笑，给人启迪。

你的舞台你做主

尊享故事　　"好久没有见到这样的苗子了！"这是第一次在魅力演说的课程中，杨林老师给予我的评价。这句话让我受宠若惊的同

时，真真切切改变的是我的人生目标与梦想。

2014年3月之前，我已经是我们醴陵县城一名资深的美业职业经理人了。但是从业8年来，我感受到了瓶颈，我觉得已经无力再突破自己了，于是我走进杨林老师的课程。即使我的性格是属于那种慢热型的，但杨林老师宽广的知识面、缜密的语言思维逻辑以及舞台上的那种魅力，无疑都给了我强烈的震撼，而且他的梦想特别大，又敢于说出来。他还说："人生，就是要去无限挑战自己的目标！"因此，我也养成了给自己定目标的好习惯，每一次在杨林老师的课程上，我都给自己设定一个挑战自我的小目标，从最开始的自我介绍，到慢慢上台演讲，再到最后的团队训练，直至现在我对所有目标的再次挑战，每一次的学习带给我的都是满满的收获。

有了目标，我的梦想也随之改变。之前，我只想在我们那小小的县城做到美业第一职业经理人，从没想过要走出这个县城。但是，通过杨林老师的课程，我的格局和梦想不断扩大，我的潜能不断被挖掘，我发现我也有组织语言的逻辑能力及管理团队的良好天赋，经过反复学习和复制杨林老师的课程，并运用到我自己的企业中，我成功帮助我管理的企业实现业绩提升100%的目标。

之后，杨林老师把我引荐给翡丽莱斯的施总，接洽后他们发现我非常适合翡丽莱斯这一美体行业领导者品牌的国际大舞台，所以我成功晋升为翡丽莱斯商学院执行院长，并且通过3个月的努力，我成为公司资深教练第一人，享受全球分红。

由此，我的事业方向也变了，我不再只局限于过去那几百平方米的小小梦想，而是现在九百六十万平方千米的大中国。我希望在中国美业美体品牌领域中，我能成为一个最优秀和卓越的首席执行官！

在即将担任翡丽莱斯商学院的 CEO 之前，杨林老师问我："你知道如何做好商学院的 CEO 吗？"

"公司为什么会让我做 CEO？"我还是有些担心自己的能力。

"因为你的智商和情商都很高，你是一个能把事情做好的人！"杨林老师说。

"那我未来怎么样做好这个职务？"我又问。

"不是你能把事情做得有多好，而是你能培养和影响多少人把这件事情做好。你一个人能做好不是最重要的，最重要的是你能培养和影响多少人！"

杨林老师的思想永远这么博大精深，他不仅是一位纯粹的导师，还是一位纯粹的男人，无论是对他的家庭，他的学员，还是他的事业。他对功利看得很淡，他和他的爱人黄芬女士一样，自己创业的同时，带领有梦想、想努力的人一起创业。他们夫妻俩是把尊享当作自己人生唯一的名片来经营的人，值得跟随、信赖、成就！

杨林老师是翡丽莱斯人共同的导师，为翡丽莱斯成为美业人才的摇篮做出了非常大的贡献，但是他对中国美业的贡献更大。

我也希望像杨林老师一样，用这样一个思想来标杆我的人生事业，对待我的家庭，对待我的团队。所以我由过去只希望

自己拥有一个快乐、美好的人生，到现在有了新方向：用梦想组建一个团队，让团队实现一个梦想。这是我人生的重新定位。

有战斗力、凝聚力的团队，有梦想、有目标的一群人，一辈子，干一件事！

杨林点评

吴嫦就是尊享的一个传奇，跟随我有两年了，她这一年确实是突飞猛进！我们时常讲，经历就是财富。当一个人在哪个场面经历的越多，那他在哪个场面得到的就会越多。一个平凡的女人，通过努力的学习，简单相信地紧紧跟随，选对了尊享平台，她也可以实现一个丰富的、有价值的人生。

吴嫦在跟着我学习的过程中，由一个美容院的店长，蜕变成现在翡丽莱斯商学院的院长，年薪超过一百万，我想说这就是学习带给她的变化，这就是魅力演说给予她的成功。我相信翡丽莱斯商学院在她的带领之下，未来也会越来越强大！祝福所有伙伴！

一、幽默是展现个人风采的方法

所有的人都会年华逝去，红颜不再。但岁月只能风干肌肤，而睿智和幽默的魅力却不会减去分毫。幽默的魅力，仿若空谷幽兰，你看不到它盛开的样子，却能闻到它清新淡雅的香味；幽默的魅力，又如美人垂帘，人不能目睹美人之芳华，却能听到美人的声音，间或环佩叮咚，更引人无限遐思……

假若把你的各种优良品质比作钻石的各个侧面，幽默感则是钻石直接面向听众的那一面，可以时时折射出智慧的光辉。在有限的时间和空间之内，哪怕是初次见面的晚餐上，幽默都能让你一展才华，脱颖而出，令人耳目一新，乐不可支，印象深刻。一段精彩的幽默对话，有时会让人一辈子不忘，你的形象和你的故事会一起被新朋友们长久地储存在记忆深处。

在生活与工作中，一个幽默之人，可以使平平淡淡的生活闪亮出多彩的火花，可以在友谊路上如鱼得水，可以在职场上左右逢源。若想使你的生活充满平和与欢乐，请学会幽默吧，但这需要你具备一定的文化底蕴，同时兼具一定的灵气。

从心理学的立场来讲，人们借着和他人相处来发现真实自我，并实现自我，但首先要脱掉虚伪的外衣，真诚地表露自己。

幽默是一种心境、一种状态、一种与万物和谐的"道"。幽默的语言来自纯洁、真诚和宽容如大海般的心灵，是生命之中的波光艳影，是人生智慧之源上绽放的最美丽的花朵，是人们能够从你那里享受到的心灵阳光。幽默之魅力，如英国谚语所云："送人玫瑰之手，历久犹有余香。"

二、幽默是人际关系的润滑剂

社交在现代生活中已具有越来越重要的位置。社交就是人与人的相互交往。社交的成功，就意味着彼此喜欢、彼此信任，并愿意互相帮助、互相支持。而要想取得社交的成功，方法、因素固然很多，但幽默的作用却是别的方法和因素都无法代替的。心理学家凯瑟林告诉我们："如果你能使一个人对你有好感，那么，也就可能使你周围的每一个人，甚至是全世界的人，都对你有好感。只要你不是到处和人握手，而是以你的友善、机智、风趣去传播你的信息，那么空间距离就会消失。"现代幽默理论认为，幽默能在参与者之间产生一种强烈的伙伴感和一致对外的攻击性。幽默能一下子拉近两个人之

间的感情距离。因为一起笑的人表明他们之间已经有了共同的兴趣、爱好，这是社交成功的第一步，也是很关键的一步。

在人际交往中，幽默是心灵与心灵之间快乐的天使，拥有幽默就拥有爱和友谊，凡具有幽默感的人，所到之处，皆是一片欢乐和融洽的气氛。在无法避免的冲突中，幽默感不强的人就面临考验，是拍案而起，横眉怒目，还是悲天悯人，自怨自艾？幽默家的高明在于即使到了针锋相对时，也不像通常人那样让心灵被怒火烧得扭曲起来，而是仍然保持相当的平静。在对方已感到别无选择时，幽默家仍然有多种多样的选择。

一个秃头者，当别人称他"理发不用花钱，洗头不用汤"时，他当场变了脸，使一个原本比较轻松的环境变得紧张起来。一位演讲的教授，也是一个秃头，他在自我介绍时说："一位朋友称我聪明透顶，我含笑地回答：'你小看我了，我早就聪明绝顶了。'"然后他指了指自己的头说："我今天演讲的题目是'外表美是心灵美的反映。'"教授就这样开始了自己的演讲，整个会场充满了活跃的气氛。

同样是秃头，同样容易受到别人的揶揄和嘲谑，为什么不同的人得到的却是不同的结果呢？其间的缘故就是有没有幽默感。

由此可见，幽默不仅反映出一个人随和的个性，还显示了一个人的聪明、智慧以及随机应变的能力。但需要注意的是，幽默既不是毫无意义的插科打诨，也不是没有分寸的卖关子，耍嘴皮。幽默要在入情入理之中，引人发笑，给人启迪，这需要一定的素质和修养。

互相敌视的两个人，相逢一笑泯恩仇，因幽默而化敌为友，这种事例举不胜举。真正聪明的人，总是依靠幽默使社交变得更顺利，更富人情味。如果你希望有所成就，希望引人注目，希望社交成功，希望在现代生活中立于不败之地，那么，你就应该学会和别人来点幽默。

幽默的形式有多种多样，既有愉悦式幽默、哲理式的幽默，也有嘲解式幽默、讥讽式幽默。为了达到幽默的效果，对初次见面者宜多用愉悦式幽默和哲理式幽默，对自我、对友人也可根据情况适当运用嘲解式幽默，对待敌人、恶人则要用讽刺性幽默，以便在幽默讥讽中，给对方以鞭挞。

幽默的使用还必须根据具体情况具体分析，尤其是对于长辈、女性，幽默一定要慎用。同时，幽默要注意"度"，一旦过了头，就可能被对方误解为取笑与讥讽而造成不愉快。

幽默是润滑剂，能使僵滞的人际关系活跃起来；幽默是缓冲装置，可使一触即发的紧张局势顷刻间化为祥和；幽默是一枚包裹了棉花团的针，带着温柔的嘲讽，却不伤人。幽默也充分显示出幽默者和被幽默者的胸襟和自信。

幽默的特点就是令人发笑，使人快乐、欣悦和愉快，把这一特点运用到社交生活中，会取得令人叹为观止的效果。

三、用幽默提升自身的应变能力

幽默不是深思熟虑的产物，而是随机应变、自然而成的结晶。幽默往往与快捷、奇巧相连。幽默往往需要智慧来支撑，离开了智慧，幽默就失去了源泉。真正高级的幽默，往往出现在最恰当的时机，给人灵光一现之感，而且不会太过直接，因为幽默多少带着几分戏谑，如果太直接，难免尖刻伤人，所以要绕个弯子，品位才显得高雅。

有时候我们会陷入一种狼狈的境地，这时，我们可能惊慌失措，可能很愤怒，也可能十分沮丧。惊慌失措使人失去思考能力，愤怒使人失去对自己情感的控制，而沮丧则导致人的精神处于消极、无所作为、听天由命的状态。所有这一切都无助于你从狼狈的境地中解脱出来。其实这时候，客观情境的

严酷十分需要你把自己思维的潜在能量充分调动起来，做出超常的发挥。而要做到这一点恰恰需要冷静，需要乐观，使自己的精神处于一种自由的、活跃的状态，也就是通常所说的那种急中生智的状态，达到这种状态，所说出的话语往往比通常情况下聪明得多，也有趣得多，这种聪明而且有趣的话常常是机智而又幽默的。

演讲是在比较正式的场合对众人所作的一种带有鼓动性、说服性、抒情性和表演性的讲话，但是，不能因为它比较正式，演讲人就一定要端起架子，板起面孔，作枯燥无味的陈述。要知道，营造出幽默轻松的气氛是使演讲易于为人接受的一种高明的方法。

许多优秀的演讲者都善于以幽默风趣的语言紧紧抓住听众的注意力，使听众在会心的笑声中与他产生共鸣，从而比较容易接受并牢牢记住他的观点。

一个具有幽默感的人，会时时发掘事情有趣的一面，并欣赏生活中轻松的一面，建立起自己独特的风格和幽默的生活态度。这样的人，容易令人想去接近；这样的人，使接近他的人也分享到轻松愉快的气氛；这样的人，更能增添人生的光彩。

幽默是一种艺术，是人生中不可缺少的喜剧。正因它的存在，使世界充满了欢乐。幽默是一种才华，是一种力量，或者说是人类面对共同的生活困境而创造出来的一种文明。它以愉悦的方式表达人的真诚、大方和心灵的善良。它像一座桥梁拉近人与人之间的距离，弥补人与人之间的鸿沟，是奋发向上者和希望与他人建立良好关系者不可缺少的特质，也是每一个希望减轻自己人生重担的人所必须依靠的"拐杖"。

四、幽默演讲的方法

演讲中，借助一些方法和技巧，能够营造出神奇的幽默效果。尤其是初学演讲者，不妨多尝试，这样能让你的演讲更加精彩。

（一）把常见词换成仿意词

常见词如炒菜未放盐，让人食而无味；仿意词会创造出新意，更能引起听众的兴趣。因此，演讲的语言要体现出风趣的幽默感，就要把常见词改成仿意词，如：不是开小差，而是开大差；不是满心"婆理"而满口"公理"的绅士们；"铡"掉了一个"陈世美"，还有许多"李世美""西世美""东世美"。让听众听来易懂、语言生动活泼引人入胜。

（二）采用富有歧义的词语

采用容易产生矛盾的、故意造成歧义的词语。虽然语言的歧义容易造成理解的混乱，但从修辞角度来看，汉语一词多义的特性最能满足幽默矛盾性的特性。比如有个食品店经理把"月饼"写成了"日饼"，引得人们议论纷纷。顾客纷纷指着招牌说："你写月饼的'月'字，写的是个白字呀！"经理反过来笑话人家："你再看看，这哪里是'白'字，'白'字头上还有一撇呢！"

（三）把状词谐用隐含表达

谐用具有隐含表达的语言、言近意远的深意，适可而止的运用会让演讲更深受听众喜欢，在轻松快乐的氛围里接受。如果常用名人名言、诗词、成语等谐音，这种随机应变，视环境转换灵活运用的婉转效果，会让你的演讲具有动人的魅力。比如，问："汪师傅三次申请解决住房问题，为什么至今还不解决？"答："听李书记说，他每次都是无'礼'要求。"

（四）巧妙地运用拆词法

演讲中巧妙运用拆词法，会让原本看上去生涩的语言，更有趣味。如：

有些女孩可爱，可人还要有人爱；现在的智能手机还要配置高，收录机卡拉还要 OK，而他的家里只有一样带电的，你猜是什么？手电筒。这里把"可爱"拆成"可人还要有人爱"，把"卡拉 OK"拆成"卡拉还要 OK"，就显得趣味盎然，生动至极。

五、幽默演说的建议

一个能打动听众的说故事者有许多加强幽默的方法，如面部表情、夸张的语句和手势，以及恰当的停顿，但即使你不是个天生的喜剧家，你也可以成功地讲述故事。以下是加强幽默的八点建议：

（1）笑话要短，太长了会破坏其幽默效果。

（2）留给听众足够的时间欣赏笑话。如果你匆忙打断笑话，那么你花了这么大劲取得的效果就会打折扣。

（3）说得要慢，要清楚。确保听众都能听懂你笑话的每一个字——特别是妙言之处。

（4）别为你的没有经验说抱歉。永远别说像"我不是块喜剧演员的料"或"我笑话说得不好，但我会尽力而为"之类的话，这会在你开始说之前就毁了你的幽默。

（5）只要最基本的东西。如果你笑话里有很多不必要的细节，听众会失去兴趣的。你只需要人物、时间和其他让这个笑话出彩的东西。

（6）不要乱夸口。如果你答应给听众一个月亮，他们就会期望一个月亮，避免说，"这将是你们听到的最好笑的笑话"或"让我们来听听这个笑话"之类的话，不要保证幽默，说就可以了。

（7）开心一些，微笑，显出高兴的样子。你的情绪会感染听众，这样使你更容易获得笑声。

（8）说笑话时候看着听众的眼睛。每看着一位听众，略微停留一会儿，扫视全场。

第四章

领袖智慧——幸福是最完美的事业

不想当将军的士兵不是好士兵，不想领导别人的员工注定要被别人领导一辈子。每一个站在行业顶端的人都是出色的领袖，他能够影响和改变周围许多的人和事。领袖不是天生的，领袖是一种技能，可以通过后天学习，可以传授他人，每一个人都有做领袖的潜力。

做一个有魅力的领袖

美国前总统尼克松在他的《领导者》一书中这样写道："领袖艺术在于使人信服。如果一个人说话枯燥无味，不能给人留下深刻的印象，就不能说服别人，因而也就当不了领袖。"

让每一个人都懂得如何处理好人际关系

尊享故事

有一个学员，来听我的课程，到中午的时候，他对我说："杨老师，我最近特别的郁闷，我要是早三个月遇到你，上你的课程，那该多好啊。"然后他告诉我最近几个月经历的闹心事情。

在三个月之前，他的店内发生了一件事情，有四个员工打算在下个月发完工资就离职。他听到后特别的烦躁和不开心，内心也很不是滋味。下班的时候，他把店里的所有人留下，开了一个会议，质问员工为什么会有这样的想法，到底他哪个地方做错了，要一起来这样对他，讲了很多指责抱怨的话。员工没有一个人做声，然后大家也好像相安无事似的，第二天继续上班，结果到了下个月发工资的时候，没想到他的八个员工走了六个。

他说："如果我之前听了你的魅力演说的课程，我就会站在他们的角度思考问题、分析问题，跟他们讲企业现在以及未来的走向，让更多人对我有信心。"

所以不懂魅力演说的人，留不住核心人才，不懂得魅力演说的人，留不住合伙人，不懂得魅力演说的人，无法把事业做大做强。

我还有一个学生于良彪，他是做金银珠宝连锁店的，有一次他来上我的课，我讲了一句话："一个老板在公众场合发火，就是无能的表现。"他听完这句话的时候就特别有感慨，他说："老师，我之前到店内检查工作的时候，每一次我大发雷霆，我的员工见到我就像老鼠见到猫，都不敢大声说话。我学完你的课程，回到店里，第一次微笑着对店长说'你辛苦了'。店长把所有店员组织在一起开会，我对他们说'对不起，我错了，过去我不爱学习，我不知道与人相处，我不知道我的员工就是我最重要的顾客，我不知道给你们关怀、关心、关注，我不知道你们更需要温暖、更需要存在感。我作为你们的大家长、大哥哥，我过去特别对不起你们，从今天开始，我愿意和你们共同奋战，你们有任何问题都可以找我，我会帮你们解决，我就

是你们的大哥，我们一起来把企业做得更强更大，从下个月开始，相信你们的收入会更高。'"

一个过去一来就大发雷霆、指着你的鼻子大骂的老板，现在突然间大转弯，所以人人都抱着他痛哭流涕。后来他的所有店长入资各自所在那家店的股份，他的每一个店长都是各自所在这家店的小股东，更多的人都愿意为他奋战，到目前为止，他们公司每家店的主管、店长流失率为零。

魅力演说给于良彪自己的企业带来的影响力是非常巨大的，因为员工觉得跟着这个老板有希望，顾客觉得在这个地方买东西有安全感，所以要明白魅力演说可以帮助自己成长，可以帮助员工有信心，可以让客户更加放心，这是非常重要的。

杨林点评

从哥白尼为争取真理的呐喊到第二次世界大战戴高乐唤起民众的演讲；从马丁·路德·金以"我有一个梦想"倡导黑人解放运动到甘地"以眼还眼，世界只会更盲目"来推动非暴力不合作运动，从马云的创业演讲到康纳德·特朗普竞选美国总统的精彩演讲，任何伟大人物的思想传达都与演说密不可分。

我国古代的大哲学家荀子曾说："口能言之，身能行之，国宝也"人才未必有口才，但有口才的一定是人才。在公司与员工、同事交流需要口才，一句问候、一句激励的话能够改变员工对你的看法，激发他们的工作热情。在生活中与家人、朋友相处，不经意地送上几句祝福、关心的话语，可以增进友谊，可以使家庭更和睦。

让每一个人都懂得如何说话，如何说好话，用演说改变生活、改变人生，是我们不变的宗旨，也衷心祝愿尊享的每一个伙伴都能够在这儿收获到自己满意的结果。

一、领袖是一门艺术

领袖是一门艺术。领袖不但是一种权力的体现，还更应该是一种关系，一种处理领导者与下属之间的关系，是一种影响力，通过自己来影响周围的人。一个领袖者，不管是任何时候都得有一套自己待人接物的准则，而这一准则应该时常注意两点：仁慈与严明。

作为一个优秀的领袖，必须得有广阔的胸襟，能广泛听取来自各个方面的意见和建议，能认真考虑一切有关的信息，因为只要处理得好，合众人之力永远比个人蛮干好得多。

作为一个合格的领袖，最重要的一点是身体力行，用行动为下属做好表率，所以对己一定要严，甚至是以更严的准则来要求自己。管理活动中通常存在一种上行下效的现象，领导做得好了，下属自然也就不敢胡来，要是领导自身就存在问题，那就别指望下属会做得有多好。

如果一个领袖者能够时刻保持生机与活力、有昂扬的斗志、饱含上进心的形象面对自己的下属，那从心理上肯定能够激发下属的上进心，如果连领袖自己都不注意形象，成天板着张长脸，鼓着双眼像是要吃人似的面对下属，那将会加重下属的心理负担，影响工作效率。

领袖的魅力更注重的是内在的美。而实际上，魅力从其本质上讲，就是一种有内涵的美丽。如果说外在的美像一朵花需要认真地看，那么内在的美就像一杯茶需要仔细地品。

二、做一个有内涵的领袖

内外兼修自然是人间极品，上天造化，但当鱼和熊掌不能兼得的时候，我们就应该毫不犹豫地去追求那种有内涵的美。怎样才算有内涵呢？至少应包括这样几个方面：

（一）个人魅力

魅力是比较而言的，有魅力的人必须要比别人更优秀。这既是前提和基础，也是根本所在，否则就是外强中干。领袖相对于自己的下属，不仅是掌握的权力要大一些，更主要的是自己的知识、能力和经验要更胜一筹。

（二）人格高贵

一般说来，人格是指人的性格、气质、能力等特征的总和，也指个人的道德品质和人能够作为权力、义务的主体的资格。比如孟子在《滕文公下》中说："富贵不能淫、贫贱不能移、威武不能屈，此之谓大丈夫。"就是君子的人格魅力。现实中有些领袖，媚上欺下，耍两面派，就是最大的人格缺陷。

（三）要有修养

不妨听一个小故事，看看老和尚与小和尚的修行差别。老和尚经常教育小和尚要遵守僧人的清规戒律，比如不杀生、不酗酒、不赌博，特别是不近女色。一次老和尚领着小和尚下山化缘，下山前老和尚再三叮嘱小和尚不要近女色。师徒二人到了一条小河边，碰巧遇到一个小妇人，正在为过河发愁。老和尚二话没说，径直上去背起小妇人过河。小和尚见状既惊讶又愤愤不满。过了河，老和尚把小妇人放下，与小和尚继续赶路，一直走了十五里路，小和尚终于憋不住了，就质问老和尚："师父你叫我不近女色，你怎么背小妇人过河呢？"老和尚一脸正色对小和尚讲："我背小妇人过了河就把她放下了，你走了这么长的路还没把她放下？"这个小故事启示我们：只有能放下才能承担。这既是一种修养，也是一种境界。现实中人们的烦恼多数是不能放下才导致的。

（四）风格独特

一个人没有个性和特点就容易庸庸碌碌。一个领袖没有自己的风格就很难出类拔萃。这种独特的风格，不是大写的另类，而是一种适合于己、业已成熟、便于识别、行之有效的行为方式。现实中，每一个成功的领袖都有一种属于自己的为人处世的风格特点。这样才能吸引人，获得追随者。

（五）胸怀宽广

一个人的魅力不是取决于他的身高能有几尺，而是取决于他的胸怀是否宽广。民族英雄林则徐题于书室的一副自勉对联就是一个很好的例子。对联写着："海纳百川，有容乃大；壁立千仞，无欲则刚。"一个小肚鸡肠、斤斤计较的人是不能成大事的。心中能装得下天下，那么天下就是他最适合的舞台。

（六）魅力持久

魅力也是一种耐力。反复无常、变化莫测有时可以造成一种神秘感，但真正的魅力必须充满眼光，让人们清晰亲切地感知，而且要稳定、持久地影响着人们的心理（情绪）。

（七）自我展示

未必是金子就一定会发光的。不把金子从地下挖出来，拍掉上面的尘土，金子一样不会被人发现。所以，作为一个有魅力的领袖，必须要有自我展示的敏感。未必是靠个人作秀或搞新闻的炒作，但领袖必须要有这种自我展示、感染他人的意识和能力，要能够做到"被重视"。所以，不论历史上还是现实中，那些有魅力的领袖大都善于讲演，善于鼓励。

（八）扬长避短

人们对于有魅力的领袖，从内心的期待来讲，总是希望他是完美的。然而，金无足赤，人无完人，领袖也一定会有自己的短处。这倒未必需要规避和掩饰，倘若由此引发信任危机更是得不偿失。对于民众和下属，一定要坦诚，包括承认自己的缺点和不足，把自己的长处和优点充分发挥出来。所以聪明的人总是千方百计去扬长，而愚蠢的人却总是想方设法去补短。事实上，扬长者更容易被人看到其长的一面，而补短者则更容易被人抓住其短的一面。

领袖具备的三个能力

能力是我们赖以生存的根本，是我们创造一切可能的前提。每一位成功者都有其成功的必然道理，与其临渊羡鱼，不如退而织网。培养自己的领袖能力，奔向梦想所在的地方。

我们没有打工的概念，我们只有合作伙伴

尊享故事

　　在尊享公司，我们做的是细化演说市场，主要教大家为自己代言，做好招商。会讲课的老师很多，随便抓一大把，但是既会讲又操盘过企业的却少有，那我们就要做，因为我们是教大家如何拿成果的，如果我们自己没有操盘，没有实战经验的话，那我们跟市面上随便抓一大把的老师们又有什么区别呢。所以在这样的一个角度上，我们就要做给大家看。2015 年 4

157

月我们选择和翡丽莱斯合作，用这样的一套系统方式操盘，目前我们已经小有成绩了。当然，一件事情做好，并不代表第二件事情也能做好，有的时候可能只是运气使然。所以接下来就是我们步多健的发展了。

结识步多健也是一个巧合，但宋教授的传奇经历、他的梦想、他接下来要做的事情、他的专业精神，已经深深地影响了我们。

宋教授在1976年经历了一场车祸，全身骨骼遭受重创，颈椎七节脱了六节，医治了九年，不但没有医好，反而越来越严重，医生当时还给他下了高位截瘫的通知书，但好在他的家人并未放弃对他的医治，当时也是多方打听，知道在沈阳有个老中医——赵艾生教授，家人找到赵艾生教授希望进行治疗，赵艾生教授当时刚刚退休，想休息一段时间，原本是拒绝对他进行医治的。在宋教授家人坚持用担架抬着宋教授上门医治后，赵艾生教授被他家人的诚意与爱感动了，在他的医治下不到九个月，宋教授就能下床走路了，赵艾生边给他医治边教他治病原理，慢慢地宋教授也久病成医了。宋教授觉得自己的生命是赵艾生教授延续的，所以称自己为"生命的存折"，并且他也想从事这份职业，帮更多的人延续生命。宋教授病好了之后，就开始对中医进行学习研究，也慢慢地带出一些弟子。他想将这套中医手法传承，让它落地，人人都能使用。宋教授研发的产品至今已经是第六代了，也获得了多个奖项。宋教授当时找到我们的时候，就明确说明了他的希望：他研发的产品要能够帮助更多的人，能够治病救人。

随着电子设备的普及，现代人好多都成为低头族，但颈椎的承受能力是有限的，低头的角度超过45度时，相当于在脖子上挂了2个大西瓜，颈椎病也变得越来越普遍。宋教授研发的产品，正是来帮助这些低头族的。现代人朋友圈人数越来越多，但真正的朋友却越来越少，收获的资讯越来越多，但真正跟外界的接触却越来越少，宋教授发起了一项运动——走路康复运动。通过走理疗板，对病症进行改善。

当低头族的颈椎问题开始出现时，一些常规治疗都不一定能起作用，宋教授研发的理疗板，通过穴位按摩进行治疗，并借助我们人体自带的抗生细胞达成康复，我们称此为"大众自救医学"。

宋教授现在已经72岁了，每天奔波在全国各地，没有任何助理，自己一个人拿着箱子进行医学宣传。他最大的梦想就是弘扬中医文化，让更多人用最简单的方式解决复杂的医学难题，花最少的钱来解决最沉重的医疗负担。

乔布斯有句话："活着就为改变世界。"请问不活着你如何去改变呢？基于致力医学领域等原因，我们选择了步多健。健康真的很重要，有时候你会发现，当你不断地沉迷于工作的时候，长期的工作压力将导致抵抗力下降，你的体质也会变弱。我还记得我有一次感冒发烧有一段时间了，一直没好，当时宋教授帮我进行穴位按摩20分钟，第二天就好了。

站在尊享的角度上，我们要选择的是一个行业、一个产业，不在乎这个产品马上能带来什么，最重要的是要选择趋势性的、对别人有帮助的，这个宣传如果我们做成功了，这就意味着，

我们为国家节省了医疗资源。再好的药吃多了也会对自己身体有些伤害，即便对你现在有帮助，但是长期吃药还是不好的。宋教授研发的这个产品是不用打针吃药，通过走路让你更健康，养成运动的好习惯。我们把这个项目做好，是基于宋教授的大爱以及他的情怀，基于尊享文化，我们要达到一个榜样，即使大家之前对于这个产品不了解，我们希望通过我们的宣传，把这个项目带给中国乃至全世界。

杨林点评

再好的产品也是要体验的，我们的步多健理疗板是根据不同的症状进行治疗，有专门治颈椎的，也有专门治中老年高血压的。所以对尊享来说，我们希望能让项目落地，我们真正要做的事情就是打造100个民族品牌，成为行业标杆。当好产品、好模式、好团队出现的时候，我们要打造100个民族品牌也不是梦。我们以教育为中心，通过文化馆落地，加上线上商城方式，一边培养学员，一边挖掘人才、筛选项目、共同合作。在尊享，我们没有打工的概念，只有合作。

一、业务能力

俗话说隔行如隔山，如果一个领袖对自己所从事的行业，没有一定的了解，没有独当一面的业务能力，那么事业很难发展壮大。要知道对于世界上大多数企业来说，20%的核心客户创造了80%的价值，如果这些核心客户不是企业领导者自身挖掘的，那么很难保证这些核心客户能长久地和公司发展业务。

企业要生存、发展壮大最核心的便是业务能力，如果领导者不具备优秀的业务能力，再伟大的理想也都成了空谈。作为一名领袖，必须加强自身修养，做到"八个善于"，才能提升工作能力，更好地完成本职工作。

（一）善于学习，充实自己

"三人行，必有我师焉！"多看别人的长处，多学别人的长处，自己才能不断进步！养成读书的好习惯，给自己制定一个读书计划，不管再忙再累也要抽出时间看书学习，长期坚持，日积月累，我们定会大有收获。

（二）善于做小事，磨炼自己

老子曾经说过："天下难事，必做于易；天下大事，必做于细"。一屋不扫，何以扫天下？大事是由一件件小事组成的，如果不愿意做小事，没有做小事的能力和经验积累，岂能承受大事之重？如果我们不会做大事，又不愿做小事，到最后可能是一事无成。因此，善于做小事，做好小事，才能做大事，做好小事就是为一步步走向成功奠定坚实的基础。

（三）善于团结协作，顾全大局

顾全大局、团结协作是做好工作的保障。顾全大局、团结协作，就是增强全局观念，坚持以大局为重，正确处理集体和个人的关系，努力营造心齐气顺、团结奋进、干事创业的氛围，加强团结，注重协同，使工作取得更大成效。那么，怎样做到团结协作呢？一是要建立和谐关系，创设良好的人际氛围；二是积极参与集体活动，增强团结协作精神；三是营造你追我赶、力争上游的工作氛围；四是充分信任同事和周围的人，在与同事相处时，一定要给予充分的信任，同时自己要谦虚一点、微笑一点、宽容一点、主动一点。同心山成玉，协力土变金。成功，需要克难攻坚的精神，更需要团结协作的合力。

（四）善于正确评价，认识自己

老子说："知人者智，自知者明。胜人者有力，自胜者强。"没有自知，不能自胜，知彼知己，才能百战不殆。把自己估计过高，会脱离现实，守着幻想度日，怨天尤人，结果大事做不了，小事不愿做，一事无成；把自己估计过低，会产生强烈的自卑感，导致自暴自弃，明明能干得很好的事，也不敢去试。正确认识自己，面临成功，不会忘乎所以，瞧不起别人；遇到挫折失败，不会丧失信心，而是更加谦虚，更加勤奋。在竞争激烈的今天，充分认识自己，找出自身的优势和劣势，找准自己的位置，扬长避短，才能适应形势，迅速发展。

真正认识自己并不是件容易的事。认识自己，包括认识自己的情感、气质、能力、水平、优缺点、品德修养和处世方式等，能对自己做出较为准确、恰如其分的估量和评价。认识自己，首先，要自己跳出"庐山"，以旁观者的眼光分析和审视自己，实事求是。其次，通过与别人比较来认识自己，认识自己的实际水平及在群体中的地位，找到差距和努力方向。再者，通过交往征求别人意见，向他人了解对自己的看法，从中总结自己。

（五）善于抓落实，工作负责

落实，首先是一种观念。一个人如果没有强烈的"落实"观念，在工作中，就会只唱高调，不重实效；见到风险躲着走，见到矛盾绕着走，见到困难往回走；落实自然也就成了一句空话。

落实，更是一种能力。怎样把交给自己的工作按时保质保量地做好，怎样把公司的规划全面地完成和实现，这既是一个人的工作能力问题，也是落实的问题。"落实就是能力，实干就是水平"。凡事踏踏实实认认真真一丝不苟地做，这就是能力。要抓落实，必须要克服怕苦畏难、半途而废的心理，防止走过场、做样子，扎扎实实地去干好工作。

（六）善于发现工作的快乐

一个人对待工作的态度，可选择积极、乐观，也可以选择消极、悲观。如何选择，全在于自己。有的人认为自己没有找到心目中理想的工作，现在的工作只为了养家糊口，对于工作了无兴趣，甚至十分厌倦。诚然，多数的工作很平淡乏味，而且需要不断地重复，让人觉得烦闷。但是，大多数的人不可能频繁地更换工作，而且再刺激、再新鲜的工作随着时间的推移慢慢会变得有些格式化，如果改变不了环境，我们就要学会适应环境，更换自己的工作态度，享受工作和生活的乐趣。"态度决定一切"快乐的工作态度不但会改变一个人的精神状态，还会改善一个人的工作能力和成绩。

如何在工作中注入新的活力，寻找工作的乐趣？我们不妨试试打破常规，用一些新鲜事物把重复感冲淡，在工作中寻找新的工作方法，学会换一个快乐的角度来看待工作和周围的一切。给自己营造一个快乐的环境，真诚待人，友好待人，自己高兴，大家高兴。

（七）善于接受批评，完善自己

在工作中，我们不可避免地都会出错。爱因斯坦曾经说过，百分之九十九的时间他的结论都是错的。何况常人？人非圣贤，孰能无过？错了不重要，重要的是我们对待别人批评的态度。每一个人都应该接受别人善意的批评，一个聪明的人会从积极的方面来理解别人的批评，特别是严厉的批评。他们会把别人的批评看作改进自己工作、完善个性、克制情绪、提高心理承受力以及激发斗志的机会。在我们自我完善的过程中，很多东西是需要学的，学着谦虚、学着聪明、学着听取别人的意见，学着接受批评，学着对自己说："有则改之，无则加勉。"

（八）善于总结，提升自己

总结，就是对我们工作的回顾、思考，把实践中零散的东西系统化，把感性的东西理性化，从中找出规律性的东西。对领导者来说，无论认识问题、理清思路，还是解决问题、推进工作都离不开经验，经验是在反思中温习、在总结中提升的。每走一步，都要注意总结经验，对的就坚持，错的就改正，

新的问题出来了就抓紧解决。一个善于总结的人，能在失败中认真分析得失，及时调整自我，将失败改造成一笔财富，在总结中赢得事业的成功。

做好总结的第一步是要做好记录，好记性不如烂笔头，多记录、多摘抄是一种非常好的习惯，会使我们今后的工作总结受益。其次，要认真思考，整理和调节思路，包括对工作的设想和经验总结，在头脑中形成系统想法，来指导工作，做到同样的错误不重犯，从而使自己的工作能力大大提高，工作做得更为出色。

二、管理能力

很多人都羡慕那些手里有权、底下有兵的领导，无论是高层领导还是中层领导。总是认为当了领导就不用每天沉在繁琐当中，可以管人管事了。从表面上看，领导是依靠公司制度和个人学识能力来带领团队完成既定工作，实现自身价值的；而从另一个层面来讲，领导只有当自己能力始终处在可以有效带领并管理好团队前进时，才有了自身作为管理者的价值。领导者的管理职能主要是运用组织赋予的权力，组织、指挥、协调和监督下属人员，完成领导任务的职责和功能，它包括做出决策、选人用人、指挥协调等。

（一）责人律己修炼修为

要运用好现代管理方法，领导者的素质是前提。卓越的领导者应当率先垂范、勇于挑战，敢于担当，尤其应当以品格、素质树立领导的威信，以智慧、艺术成就事业的发展。领导者个人的修为与现代管理艺术运用成效息息相关，有必要以提高领导自身修为作为前提，来提高领导的信服力和团队的凝聚力。领导者的素质修为是领导者从事管理活动所必须具备的条件，是一种潜在的领导能力。它包括出众的品格、渊博的知识、健康的心理、综合的能力、强健的体魄等。领导者在平时应注重素质的培养与锻炼，通过实践锻炼，重视管理细节的培养，达到提高领导者自身素质的目的。

（1）要有清醒的自我估价能力和坚强的控制能力。要充分了解工作，充分了解下属，最重要的是要了解自己，做到自知自明，清楚地知道自己的所长所短。要学会扬长避短，来决定自己能做什么，不能做什么，这样才能既有利于事业的发展，又有利于个人的前途。

（2）要有大度的气量。矛盾时时有、处处有，即使是非常出色，非常有成就的领导者，在团队内外也会有人不满意，如果你想有所作为，就要准备遭遇挫折、承受责难。没有这样的准备，就不能成为一个称职的领导者。从另一方面讲，责难和报怨也有教育功能，让下属讲话，可以获得更多的信息，兼听则明；可以知道自己的不足，便于改正；可以更加了解自己的下属，改进团队管理的艺术与效能。要有大度的气量，还表现在有爱才惜才之心，领导者要善于团结各种不同学术见解、不同才智、不同个性的工作人员，特别要善于团结并使用那些批评过自己、又被实践证明是批评错了的人，保护和激励他们发挥主观能动性，力求使他们各尽所长，各得其所。

（3）要适时展现个人魅力。领导者可以通过展现个人魅力，得到他人的认可。这种认可来自他的影响力。领导者应注重树立个人形象，如刚正不阿的政治形象、诚信务实的社会形象、品德高尚的人格形象、科学民主的决策形象、顾全大局的团结形象等，用以树立威信、感召下属，利于强化工作动力与团队凝聚力。

（二）分工分利科学合理

领导管理团队工作，让不同的团队成员承担不同的工作；不同的发展时期，工作的内容和性质也不完全相同。领导在一个团队建制当中，要很好地发挥每个人的特长以实现团队价值，首先要学会的就是合理分工。合理分工的目的，

是为了让员工可以有良好的工作感觉，并发挥每个员工的工作特长，最高效地完成工作任务，体现所管理团队的价值。

值得注意的是，最能体现一个领导成就的不是他本人做了多少工作，而是他所带的团队取得了什么样的业绩。这个意义上来讲，领导自身价值的体现是其管理团队价值的反应，两者呈正比。团队取得的成绩越高，领导的管理价值也就越发明显。基于这个理由，那些处在公司各个岗位的领导们，往往都是为了公司安排的各项工作而竭尽所能，充分调动各方资源来确保团队完成任务，这本无可厚非。可是，成绩出来了，问题也同样出现了。大多数领导在鲜花和掌声中成了主角，而和他并肩战斗的团队此时却似乎没有其个人风光，更别提团队中那些所有参与工作的普通员工了。如此反复，时间长了，团队员工没有了工作的动力，在消极和怠工中自然影响团队成绩，领导的风光也就不复存在了。所以在实际工作当中，领导一定要学会分利。

（三）团队管理识人用人

卓越的领导者应当具备领导力和管理潜质，应当善于发现问题、创新决策、驾驭指挥，领导者应当把感召和凝聚组织成员的影响力作为领导的精髓。企业或团队内部和谐团结氛围的营造，有利于提高团队运行效率，领导要重视搞好团队管理，重中之重是要识别人员，用好人才。现代社会，领导者面对的工作任务更加繁杂、工作环境更加多变，个人英雄的时代已经过去，领导者团队管理的责任更加突出。在团队管理中，领导者除了要科学决策、形成共识、制定规章之外，一个重要职责是提高用人的艺术，科学用人。用人艺术在领导的管理工作中起到关键的作用，它关系到领导目标的实现和事业的成败。好的决策方案，有赖于好的团队执行力。古人所谓"成事之要，惟在得人"，讲的就是选人用人的重要性。

领导者用人，应坚持四项原则：用人之长，避人之短；疑人不用，用人不疑；

用当其才，适才适位；用当其时，注重时效。团队工作对人才质量与敬业精神的要求很高，为此管理团队的领导者，要有用才之胆，选才之魄，求才之渴，爱才之心，荐才之道，容才之量，识才之能，育才之德，护才之责。要在工作实践中，理解人、关心人、培育人、发展人，十分注重发挥团队全体成员的积极性、主动性与创造性。

（四）管理"气质"循序渐进

忽略了自己大脑的思考能力的人不可能成为一个出色的领导者。领导者体现管理价值需要腾出一点时间和自己交谈、商量或进行深度的思考。领导都特别地忙碌，但每天也要留出时间来单独思考。领导阶层最主要的管理工作之一就是思考，迈向领导之路的最佳准备也是思考。因此，希望你每天都能抽出一定的时间练习合理的独立思考，并且朝着成功的方向去思考。久而久之，你就会发现，你自己已经培养出了你作为领导者的"管理气质"和管理才能。

三、培训能力

优秀的企业管理者多半都是优秀的培训师。因为，管理的思想和方法都是要通过沟通让员工理解后才得以执行的。如果没有通过沟通使员工认可或理解管理者的思想和方法，那么执行时就有可能会事与愿违！

企业高层管理者要通过培训来统一员工的价值观；企业中层管理者要通过培训来使得员工明白怎么做才是正确的；企业基层员工在接受良好的培训和教育后才会真正明白为什么做和怎么做！

培训，是竞争的有力武器。时下，很多企业为加快发展，都花很大力气做招商，希望通过整合渠道的资源来加速企业的发展。有的招商很成功，而

有的招商却很失败。大凡招商很成功的都是在培训上下足了工夫。很多经销商也很实在地说，加盟某家企业做经销商，主要是看中了这家企业的培训。通过合作可以接受到很多的培训，即使不赚钱也不要紧，我学到了经商的知识，这个对我们经销商来说是一笔很大的财富。

培训，是企业持续发展的保证。一个企业要获得持续的发展，培训是必不可少的。因为通过培训可以把新技术、新思想、新制度、新观念贯彻到员工中去。如果企业缺乏新技术、新思想、新制度和新观念，那么企业靠什么来发展呢？企业没有发展，怎么有持续经营的可能呢？

培训，是企业竞争的能力。在世界经济迈向一体化的时刻，企业竞争势必日趋激烈。企业竞争，归根到底还是人才的竞争。企业人才从哪里来？空降来的人才往往"阵亡"的多，大多水土不服。很多企业的实例证明，真正使企业得到发展的人才，还是要依靠企业自身培养。

只有企业自己培养起来的人才，才有可能对企业忠诚。没有对企业的忠诚作为前提，任何对企业的贡献都是有限的。只有企业自己培养起来的人才，才有可能真正了解企业。任何高明的管理者，如果对企业了解不够，都无法对企业真正实施正确的管理。就像医生一样，只有真正了解患者得了什么病，才有可能治好病人的疾病。任何技术先进、理念先进，归根到底都是人才的先进。只有人才先进，才能使企业先进。人才能力才真正是企业的竞争能力！

培训是一种有组织的知识传递、技能传递、标准传递、信息传递、信念传递、管理训诫行为。培训能力是管理者必不可少的能力，培训能力提升的关键三部曲是："修""学""悟"。

（一）第一部曲："修"

俗话说得好："台上10分钟，台下10年功"，这里的功，说的就是修炼内功。同样，培训能力的真正提高、提升，也在于"修炼"，主要修炼这五个方面：

（1）德。就是修炼培训师个人的德行、心态、人格等。为人师，德为先。一个品德高尚、富于正能量的人格魅力，是作为一名优秀培训师首先要具备的。

（2）智。就是修炼培训师的思维能力，养成博闻强记的习惯。具备多种思维能力，善于思考、勤于分析，才能给学员带来启迪，有所思才会有所获。

（3）体。就是修炼培训师真正意义上的"内功"，朝气蓬勃的体魄、优雅动听的嗓音、富于激情的表情等，都需要个人苦练身体内功。

（4）美。就是修炼培训师的内在美和外在美。得体的穿戴、儒雅的举止、谙熟的礼节、迷人的微笑等美好的东西，定会给学员提供"视觉上的盛宴"。

（5）劳。就是勤于劳动，多多实践。实践出真知，劳动出成果。在工作中发现问题、解决问题，积累丰富的经验，在培训中能结合工作实际，讲解自己做过的案例、经验教训，则在培训中就很容易高屋建瓴、引人入胜。

（二）第二部曲："学"

以培训大师为榜样、为参照，多方面学习，提升自己的培训能力，"学而时习之，不亦乐乎"。学习培训时间的掌控，学习现场气氛的调控，学习如何进行课堂讨论、案例分析，学习如何在上课中开展各种互动和做模拟游戏等，如果条件允许，系统性地参加学习培训。

俗话说得好，"活到老，学到老"，这同样适用于培训师。学习是个循序渐进的过程，一步一个脚印，"不积跬步，无以至千里。不积小流，无以成江海。"

（三）第三部曲："悟"

培训能力的提高，来源于对每一次培训过程的用心，即去感悟培训过程中的每一个细节。用心去组织培训课件，用心去与学员交流、沟通，用心去发现授课中的问题和不足，然后不断反省、不断去总结、不断去提高培训能力，努力做到"让自己的每一次培训都是更好的、更精彩的培训！"

领袖的三心理论

责任心、进取心、事业心是一个人能够立足于社会、获得事业成功与家庭幸福的至关重要的品质。

拥有一份责任心，保持一份上进心，维护一颗事业心。责任心是基础，进取心是动力，事业心是关键。"三心"较强的人，有自豪感、价值感，开朗乐观，对未来充满信心，能冷静而又理智地对待得与失、成与败，不会为日常生活中的一些小事而忧愁，遇事能泰然处之，始终保持愉快的情绪。

领袖就是有把控全场能力的人

尊享故事

如果说，一场会务，杨林老师主讲，陈长炼主持，我控场，即使没有别的会务人员，我们三个人就能搞定它，想必也没人会怀疑吧。

　　阴差阳错，我学的是服装设计，走进的却是培训行业。2010年6月杨林老师与乔·吉拉德的同台演讲，我的格局被彻底打开，而且幸运的是，每个月我都有客户成交，很多还成了公司的大客户。落地为王，没落地的还有杨林老师协助我成交，感恩培训业，感恩杨林老师。

　　一场场会务，一次次销讲，我、长炼、杨林老师，我们三个人的感情与日俱增，工作上我们互帮互助，生活中我们也成了无话不说的知心好友。还有黄总，她也是我最敬佩的人，记得我父亲动手术那次，因为急需用钱，她一次次地帮我约客户成交，及时地解决了我的燃眉之急。

　　后来尊享成立，我因为一些原因，所以并没有过多的参与，直到2016年我才入股尊享；又因为其他一些原因，直到2016年8月份，我才正式进入尊享，成为尊享会务统筹官。

　　尊享的文化，如果用《易经》上的"风水"一说，我自认为尊享的"风水"是非常好的，因为之前我每一次来尊享，即使是夜里10点钟，尊享人也在兢兢业业工作，这种氛围不就是一种公司文化吗？这也是我决定走进尊享的直接原因。

　　任何行业，在"术"的运用层面上都是一样的。尊享文化给予大家的不仅是经验之谈，还有话术。在销讲的过程中，如果真正学以致用魅力演说的系列课程，打开客户的话匣子，成交绝不是问题。在培训行业，我已经有了6年的经验。也许有一天我也能真正站在魅力四射的舞台上演讲，这或许也是我心中想成为一个魅力主持人的原因吧。

杨林点评

很多人以为，领袖就要像毛主席那样，其实领袖分很多的层次：

你是一个主管，你把这三个人带好，那你就是团队的领袖；你是一个家长，你让这个家庭更加和谐，那你就是家族领袖；你是一名总裁，你把公司管好，把人员分配好，让企业平步青云，发展越来越好，那你就是这家公司的领袖。更加关键的，在你朋友当中，哪怕在你同学圈当中，因为你的主导，你给他们带来了正确的思想，带来了好的价值观、好的世界观，让他们开始积极主动地走向更加光明的道路，那在朋友同学当中，你就是他们的领袖。

所以我想说，刘亮就是这么一位领袖，即使是站在朋友的立场上，我也不得不佩服她把控全场的能力。她能走进尊享是尊享的福气，更是我的福气。世界上最值钱的奢侈品是什么？可能很多人会回答很多品牌，我说都不对，其实人与人之间相处产生的"美"才是这世界上最奢侈的。这种美的感觉不是因为利益，不是因为可以利用，不是因为我看你顺眼，而是因为一种真心的对待，是因为你我之间本来没有血缘关系，你我之间不认识却走在一起，彼此相信，在干一件更伟大的事情，从这个过程中我们感动了，从中产生的"美"是这个世界上最值钱的奢侈品。

人与人之间的相处一定要去找感觉，一定要去找好的感觉，一定要去发现这个人身上更多的优点，因为你盯着别人的缺点，别人的缺点就会越来越多，你不断去发现别人的优点，他的优点就会越来越多，到时你就会发现你身边的人存在的价值越来越大，他的价值越来越大，你未来的生活也就会越来越美好。

我与刘亮之间就有这种"美"，就有这种"感觉"。

一、责任心是立身之本

人可以不伟大，但不可以没有责任心。一个人只有具有高度的责任感，才能在执行中勇于负责，在每一个环节中力求完美，按质、按量地完成计划或任务。

当今社会，知识更新日新月异，市场竞争愈演愈烈，对我们任何人都是一个严峻的挑战。一个人如何能够在社会中立于不败之地，关键在于最基本的职业操守、道德良知——强烈的责任心。不论是一个小小的雇员，还是中高层管理人员，只要有强烈的工作责任心，就会有施展自己的舞台，才能在激烈的市场竞争中立于不败之地，"一个人能承担多大的责任，就能取得多大的成功"。

一个人的价值往往不是以其处理事情的数量，而是以其深度来衡量的，成功者的共同特点就是能做小事情，能够抓住工作中、生活中的每一个细节不放，认真落实要做好的每项工作，能够持之以恒地保持强烈责任感。

（一）没有责任感，就没有执行力

责任心的问题看似平常、平淡，却不容忽视、至关重要。它既体现一个人的素质、修养，又隐藏机会、凝结效率、产生效益。

不论是领导者、管理者还是从事具体工作的一般人员，只有分工不同、职责各异，没有高低贵贱之分，有其职就有其责，有其责就有其忧。一个人如果缺乏责任心，盲目自信，忽略细节、忽略小事，甚至连该做的事情也不认真落实，那么又何谈把握机会、成就大事呢？

"态度决定一切"，责任心是做好工作的前提和首要条件，更是做好任何一件事必备的素质。责任心强弱决定执行力度的大小；责任心强弱决定执行效果的好坏，责任决定执行，执行成就事业，努力完成心中渴望和自觉追

求是执行力的源泉。

真正的责任心，是行动而不是口头上的谈论。因此，在工作中我们要抱着严谨的工作态度，积极主动地完成工作任务，充分发挥自己的能力，才能找到工作的乐趣，实现自己的人生价值。

（二）领导者如何增强责任意识

人们最熟悉的，往往也是最陌生的；最应该做到的，往往又是最难以做好的，责任也是这样。增强责任意识，要从三方面来践行。

（1）树立正确的世界观。世界观是人的思想的总开关，责任意识和世界观有关。领导者的责任观是世界观的重要部分，责任观是对于责任的根本看法，树立正确的责任观是增强责任意识的前提。对社会负责、对历史负责是领导者责任意识的体现。只有做到对社会负责、对历史负责，才能对自己、对单位负责。才能分清责任的大小、责任的轻重，处理好各种责任之间的关系，防止责任意识的错位，责任关系的颠倒。

领导者的角色定位意味着更重大的责任，必须持认真负责的态度，在处理各种问题、制定各种政策时，要放眼长远，放在社会的视野中去看待自己的责任，放到历史的长河中检验今天的责任，避免为了取得近期的业绩或者政绩，而做出短视行为；更不要为了当前的利益影响长期的利益；为了局部的责任，放弃对全局的责任，要尽可能做到对当前负责和对未来负责的一致性，做到对局部负责和对全局负责的统一性，做到对个人负责和对组织负责的协调性。

（2）牢记领导者的主要责任。领导者是一个团队的领头雁，指引着航线方向。领导者的责任重大，有时工作千头万绪，各种困难接踵而至，各种压力沉重如山，所以许多领导者有如履薄冰的感受，当然也有高明的领导者能够驾轻就熟应对危机挑战。一个组织的主要领导不仅仅需要认识自己的全部责任，最重要是要在头绪纷繁的事务堆中解脱出来，明白自己应该承担的主要责任。

（3）强化责任意识。领导者在明确自己的主要责任之后，需要时时牢记自己的责任，处处不忘自己的责任，强化责任意识是领导者的首要责任。强化责任意识主要从三个方面努力：

以身作则的责任。领导者必须严格要求自己，自觉遵纪守法，发挥模范带头作用，要求下属做到的自己首先要做到，要求下属遵守的自己要严格遵守，要求下属不做的自己坚决不做。被领导者常常把领导者当作榜样，模仿领导者的行为，领导者的责任态度能够在组织中产生扩散的涟漪效应。所谓"上行下效""上梁不正下梁歪"，说的就是这个道理。

敢于担当的责任。领导者面对困难时，必须勇于接受挑战，决不能逃避责任；面对危险要能临危不惧挺身而出，要有舍我其谁的责任担当，只有这样的领导者才能带领团队，鼓舞士气，振奋精神，以一当十、排除万难、勇往直前。如果领导者遇到困难就退缩，遇到危险就躲避，这样的领导者还有什么责任感？这绝对是一个不称职的领导，一个令人失望的领导。

始终坚守目标信念的责任。事业的成功不可能一帆风顺，既定的目标碰到困难也会产生动摇，领导者如同驾驭一条船，遇到风浪是不敢向前回头上岸，还是义无反顾乘风破浪，领导者的意志和决心起着关键的作用。所以领导者在特殊情况下要坚持信念不动摇，遇到意外情况时勇于担当，敢于坚持就有成功的希望。

二、进取心是人生成功的起点

有一句老话叫："不想当元帅的士兵不是好士兵"。这就要求我们有足

够坚定的进取心来支撑我们的信念，来促使我们培养自己的领导能力。

我们每个人所能达到的人生高度，无不始于一种内心的状态。当我们渴望有所成就的时候才会冲破限制我们的种种束缚。假如一头牛不想喝水，你无法按下它的头。而一个不想进步的员工，即使拿鞭子抽他，他也不可能有出色的表现。一个没有进取心的人，我们怎么能奢望他付出更多的努力去培养其他的良好习惯呢？

进取心是一种不断要求上进、立志有所作为的心理状态。有了进取心，我们才可以充分挖掘自己的潜能，实现人生的价值，充分享受人生的甘美。我们才能扼住命运的喉咙，把挫折当作音符谱写出人生的激情之歌。我们才能成功！

进取心是人类智慧的源泉。进取心像一颗种子，只要努力培育，就会茁壮成长；进取心像灵魂里高竖的天线，不断地接收和了解各方面的信息；进取心是决定我们成就的标杆，是事业进步的支柱。有了进取心，我们才会有理想、有志气；有了进取心，我们才会充分挖掘自己的潜能，体现个人的价值、完成组织赋予我们的职责。

（一）有进取心就有奋斗目标

有进取心的领导都有自己的远大理想，他们将自身的意愿与企业愿景相结合，找到自己的合适定位，制定合理的规划，扬长避短、循序渐进、坚持不懈。有了目标作为自身前进方向的"指南针"，明白什么是应该做的，什么是不该做的，为什么而做，为谁而做，一切都清晰明朗，如此定能事半功倍。

（二）有进取心就有前进动力

古往今来，成大事者都是那些有进取心的人，他们永远不会满足于现状、满足于已经取得的成绩，永远有前进的动力推动他们不断奋斗。进取心就是一种伟大的激励力量。只有具备进取心才能斗志昂扬地不断朝着新的目标前进。干事创业不是"能不能"而是"要不要"。要保持永不满足的心态，放手去做，将不满足的欲望转化为成功的"催化剂"，挖掘自身的巨大潜能，以取得更高成就。

（三）有进取心就有努力方向

不要有"干多干少一个样，干与不干一个样""当一天和尚撞一天钟"的懈怠思想。要能够把平凡的事干得不平凡，把简单的事做到极致。人生的态度决定成就的大小，进取心带来的积极态度就是达到人生巅峰的基础。不要对工作中的小事敷衍应付或轻视懈怠，其实点滴中蕴藏着丰富的机遇。与其浪费时间去抱怨，不如将未安排的事提前做好，这是许多成功人士的共同心得。

（四）有进取心就有卓越成就

进取心是前进的源动力。"古之立大事者，不惟有超世之才，亦必有坚忍不拔之志。"当今世界，发展态势咄咄逼人，在千帆竞发、百舸争流的发展大潮中，不进则退，慢进也是退。要想在事业上取得进展，就必须有强烈的进取心，克服一切自卑、自弃的情绪，坚持不懈，不断学习和改进，不畏艰难险阻，不断挑战极限，不断取得成就。

三、事业心是成就人生的前提

"要想在事业上真正干出名堂来，首要的是有一颗强烈的事业心，以及在这种事业心支配下产生的钻劲和出奇的迷劲。"事业心，简而言之，是指人们忘我投入某一事业的主观信念。

事业心体现着一个人从事某种职业所必须具有的精神风貌，是做好一切工作的活力之源。事业心对领导干部来说是一种宝贵的精神资源，它既是胜任重要岗位的前提条件，也是成就事业的必备素质。事业心能让一个领导出勇气、出信心、出智慧、出水平，做到在其位、谋其政，尽其心、用其力。

作为领导，有了这样一种事业心，就会尽心尽力谋发展；有了这样一种事业心，就会产生不断进取的决心和克难攻坚的信心；有了这样一种事业心，就会激发做好工作的积极性、主动性和创造性；有了这样一种事业心，就会产生做事的激情、创业的豪情和敬业的痴情；有了这样一种事业心，就会有胸怀豪迈的远大理想、追求卓越的崇高目标和开拓创新的发展动力。

如果把工作当成一种谋生的手段，甚至看不起自己的工作，就会感到艰辛、枯燥、乏味。如果把工作作为一项事业去做，就会有无尽的热情与活力，自己的潜能也会得到最大程度的发挥。在自己不懈的努力下，业绩不断攀升继而信心越来越足，不断超越自我，追求完美，又会取得更大的突破，自己的职业幸福感也随之成为一种快乐。

领袖都是讲故事的高手

一个优秀领导一定要擅长讲故事，几乎每位成功的企业家都有着非凡的人生经历、深刻的人生体验和被人们广为传颂的传奇故事。一个优秀的领导者，一定是一个擅长讲故事的人。用动人的故事打动人，远远胜于用大道理教化人。

学习魅力演说，提升人生追求

尊享故事

巴菲特给过年轻人两条建议：一，去接近成功人士，让他们的想法影响你；二，走出去学习，让精彩的世界影响你！

走进尊享，我不仅看到了一个异常精彩的世界，更遇到了一位男神般的人生导师杨林老师。在杨林老师的课堂上，虽然一开始我还不得要领，但上过几次课后，我完全被杨林老师在舞台上的魅力深深折服，于是我加入尊享，后来还成为了株洲的馆主。

积累财富不是靠工资，而是靠正确的投资。三年前的选择，决定了今天的生活；而今天的选择，决定了三年后的生活！对我来说，这不仅是励志的话语，更是真实发生的事情。今年年初的时候，在湖南宁乡本土，我结识了一家从事健康行业的公司——湖南食小伙电子商务有限公司，经过半年的了解，以及对公司老总格局的把握、对公司未来前景的看好，让我义无反顾投资了这家企业！

当下，在我们身边，车子、房子、票子已然不再是值得炫耀的东西，只有健康才是永恒的主题。加入尊享后，我不仅在尊享平台找到了精神乐园，更是学以致用，帮助我自己的企业解决了一些难题。我把公司的创业使命提升到关注生活、关注健康的高度，在尊享我寻到了投资创业的初心，我找到了精神上的信仰，也让我投资的公司取得了很好的业绩。

魅力演说，不仅给我的投资带来了启示，更是让我在精神上得到了满足，感谢杨林老师！

杨林点评

人的生活方式有两种，第一种是像草一样活着，你尽管活着，每年还在成长，但是你毕竟只是一棵草，你吸收雨露阳光，但是长不大，人们可以踩过你，也不会来怜悯你，因为人们本来就没有看到你。第二种是像树一样成长，即使我们现在什么都不是，但是只要你有树的种子，即使被人踩到泥土深处，你依然能够吸收泥土的养分，自己成长起来，也许两年、三年你长不大，但是八年、十年、二十年，你一定能长成参天大树。

对于初创企业来说，选择投资方向，就像选择生活方式一样，如果我们不能立足长远，被眼前的利益所迷惑，尽管公司短时间内可能会取得一些收益，但公司很难发展壮大。文娟女士把自己投资的食品公司与健康生活相关联，为公司的后续发展找到了更高的愿景，她学以致用，运用魅力演说解决公司的难题。希望文娟女士能在魅力演说的学习中收获令自己满意的结果。

一、领导者都是"故事大王"

很多身家百亿的企业家说："随着企业规模越来越大，我越来越意识到当众演说的重要性了。只是，当着那么多下属的面演说，真是不容易。"

其实，掌握了诀窍，演说一点都不像自己想象的那么难。演说最重要的不是要有华丽的辞藻，而是要会讲故事。为什么百年企业难有，而千年寺庙常在？为什么宗教可以千年传承，生生不息？其核心秘密是什么？故事性。

无论是《圣经》，还是佛教经书，从头到尾全是很美、很经典、很启迪人的故事。故事是有生命力的，大部分人都不太喜欢听道理，不喜欢别人指挥自己怎么做，而更喜欢听故事，通过故事自省。微妙的是，一个道理你讲百遍，别人不一定记得住，而你不经意间讲的某个小故事，却能让他记住这个大道理，并且他还很喜欢把这个故事讲给别人听，口口相传的作用很大。

故事是个奇妙的东西，它有着与众不同的穿透力。故事能够传递信心和希望，故事能够使聆听者收获经验，故事能够传达那些只可意会不可言传的信息。

领导者都很清楚故事攻破人心的威力，所以他们大都是讲故事的高手。他们善用故事打动人心，用故事影响团队、伙伴，激发他们的热情与梦想，

进而带领他们创造属于自己的传奇故事。

谈到讲故事，一般故事有 3 个层级，分为"我"的故事、"我们"的故事、我们未来的故事。

二、"我"的故事

有这样一个现象：一个组织的领导每天穿西装上班，慢慢地，公司上下都换上了正装；一个组织的领导喜欢打乒乓球，慢慢地，公司上下都玩起了乒乓球……领导没有提出要求，下面的人却不自觉地以领导为标杆要求自己的行为。

领导是企业的灵魂人物，是公司上下的风向标，是所有人学习的榜样。在带领团队的时候，领导要学会讲"我"的故事，艺术性地把自己的故事讲出来，越精彩，越令人难忘，越震撼，就能越有效地影响下属。

新东方的俞敏洪说："我高考连续 2 年失利，第 3 次高考考上了北大，却是班上英语成绩最差的学生。同班同学平时看着学习也并不怎么认真，但一到期末考试就能考出好成绩，我每天学习时间都要比他们多两三个小时，但每次期末考试都是全班倒数几名。"

阿里巴巴的马云说："我大愚若智，其实很笨，脑子这么小，只能一个一个想问题，你连提 3 个问题，我就消化不了。我功课本来就不好，数学考过 1 分，只有英语特别好，那是因为小时候，我经常打架，爸爸骂我，我就用英语还口，他听不懂，挺过瘾，就学上了，越学越带劲儿。"

这些企业大佬都喜欢说一些自曝家丑的小故事，看似是自己打自己嘴巴，其实这些小故事里包含着巨大的正能量。一方面，这些小故事可以拉近领导与下属的距离。随着企业规模越来越大，很多领导事务繁忙，无法经常出现在企业里，很多人甚至见都没见过领导，还有人见了也没机会说话。这种高考失利、挨爸爸打的事情，或许曾是发生在我们每一个人身上的经历，可以让下属们感觉领导并不是遥不可及的，从而不自觉地与领导亲近起来。另一方面，俞敏洪、马云说出自己过去不堪的经历，可以鼓励大家，任何人都可以成功，都可以成为俞敏洪第二、马云第二，这样，下属们会更加倾心于向领导学习，跟着领导干。

三、"我们"的故事

比尔·盖茨说："就算现在我一无所有了，你只要给我原来的团队，我照样能够打造一个微软。"松下幸之助说："松下电器公司是制造人才的地方，兼而制造电器产品。"商界领袖们都有一个习惯，就是强调"我们"的存在。

企业是"我们"的，企业是大家的，企业是所有人的，作为企业家，一定要有这样的概念和境界。企业家要会讲"我们"的故事，在"我们"的故事中讲出企业或组织的使命、愿景、价值观，让大家为之奋斗。

身边的很多企业家朋友经常问我事业成功的秘诀是什么？我一般都会说："找到志同道合的人"如果我们找不到志同道合的人，不管怎么努力，结果可能都无法令人满意。一个领导的目标就是帮助身边的人才达成目标。很多老板说自己的员工没有良心，竞争对手多给一点儿钱就跑了。其实，人才只会忠诚于帮助他们实现梦想和价值的人，作为老板，我们的责任实际上就是让跟随我们的人实现自己的梦想和价值。

四、我们未来的故事

我们未来的故事就是我们要去哪里的故事。企业家要让追随者清楚地知道要去哪里，未来是个什么样子。

1999年初，马云放弃了北京的一切，决定回杭州创办一家能为全世界中小企业服务的电子商务网站。回到杭州后，马云和最初的创业团队开始谋划一次轰轰烈烈的创业。大家决定不向亲戚朋友借钱，集资50万元，地点就设在马云杭州湖畔花园的100多平方米的家里，阿里巴巴就这样诞生了。

这个创业团队里除了马云之外，还有他的妻子，他当老师时的同事、学生，以及被他吸引来的精英，比如阿里巴巴前CFO蔡崇信。他当初抛下一家投资公司中国区副总裁的头衔和75万美元的年薪，来领马云几百元的薪水。

他们都记得，马云当时对他们所有人说："我们要办的是一家电子商务公司，我们的目标有3个：第一，我们要建立一家生存102年的公司；第二，我们要建立一家为中国中小企业服务的电子商务公司；第三，我们要建成世界上最大的电子商务公司，要进入全球网站排行榜前10位。"

当时的马云，要钱没钱，要资源没资源，连工作的地儿都安在了家里，可他给了所有人一个清晰的未来。有了这个未来，大家心里就有底儿了，至少领导很详细地构想过大家伙儿要干的事了；有了这个未来，马云及其团队度过了难熬的创业期；有了这个未来，阿里巴巴度过了好几次生死存亡的危机。之后的故事大家都已经很熟悉了，创办淘宝网，创办支付宝，收购雅虎中国，创办阿里软件，一直到走向上市。马云一步步地把未来变为现实。

每一位成功的企业家都有着非凡的人生经历、深刻的人生体验和被人们广为传颂的传奇故事。一个优秀的领导者，一定是一个擅长讲故事的人。用动人的故事打动人，远远胜于用大道理教化人、用规章制度约束人。

领袖都是谈梦想的哲学家

如果你想造一艘船，你先要做的不是催促人们去收集木材，也不是忙着分配工作和发布命令，而是激起他们对浩瀚无垠的大海的向往。

一场寻找梦想的奇幻之旅

尊享故事　　　我是龙国平，微名小龙女，我是一位来自美丽而神秘大湘西的苗族姑娘，也是一位有着22年教龄的幼儿教师。从小我就很喜欢唱歌跳舞，故乡的青山绿水给了我一副百灵鸟般动听的嗓音。

上小学时，我遇到了我人生中第一位大恩师，我的小学校长傅崇之先生。傅校长是一位毕业于武汉民族大学音乐学院的多才多艺的音乐人，他在学校里开设了舞蹈队、声乐队、美术队、体育队等各种兴趣小组。我非常荣幸地被傅校长选中，每个周末，他利用自己的休息时间，免费教我学习声乐和钢琴等音乐艺术。后来，我被县文化馆挑中，继续学习音乐艺术，那时候我每天的生活，除了学习就是练功、排练、演出，经常参加县里的文艺表演以及全省的文艺比赛，屡屡获奖。我也越来越喜欢这个绚烂多彩的舞台了，我经常幻想着自己将来能够站在更高更大的舞台上，为更多人表演精彩的节目。

就在我对未来充满美好憧憬之时，我的哥哥却因为老师不恰当的教育，在父母严厉的责罚下离家出走了，那一年我刚上四年级。父亲发了疯地到处去寻找哥哥，母亲也因此病倒在床。照顾生病的母亲和年幼弟弟的重任就落在了我的肩上。我一边照顾家人，一边努力要求自己去学校读书。我每天都会想：哥哥到底去哪儿了？他还好吗？爸爸会找到他吗？我把自己每天的早餐钱省下一部分，想着给哥哥攒回家的路费，我给哥哥写信，写了一封又一封，却不知道把信和钱寄到哪里……

直到我初中快毕业的时候，哥哥才衣衫褴褛地回来了。当时我正面临着是考高中还是考中专，是继续我的音乐梦想还是去读师范的选择，最后我选择进入长沙师范学校。因为我想，哥哥如果遇到一名好老师，他的命运也许就会完全不同了。我下决心要成为一名超级有爱的好老师，帮助更多的孩子和家庭，避免让其他孩子重现我哥哥那样的悲剧。

师范毕业后我成为一名无比快乐、无比幸福的幼儿教师。因为我的努力付出，1999 年我通过层层选拔和比赛，被评为了"长沙市十佳教育能手"。以后的每年我都被评为单位的"先进工作者”，曾经连续 3 年评为“优秀工作者”，工资跳一级；我还当选为单位的团支部书记；我设计的音乐教学活动被选送湖南省幼教年会让全省幼教同行观摩学习，我也多次被评为“全国优秀艺术辅导老师”。很多家长，包括一些领导和同事，都点名要孩子进我的班级，他们都以孩子能进我的班级为荣！我在幼教这个岗位上兢兢业业，辛勤耕耘了整整二十二载。正当我的事业如日中天之际，却因为一个意外，我病倒了，整整 6 个月无法下床，也无法再继续我所热爱的幼教事业了，我被命运之神彻底地击垮了，我甚至萌生了弃世的念头。

结识尊享时正是我的人生刚刚走出低谷的时候。我记得那是 2014 年下半年的某一天，我在手机的微信里看到了黄芬女士发的一条信息，是有关魅力演说的内容，我很感兴趣，于是，就报名参加了。我还记得当时是我老公陪我一起去学习的，地点在长沙市河西的一个西餐厅。那时尊享才刚刚起步，来参加学习的学员才十几个人。当杨林老师在一群工作人员的簇拥下快步走上台之后，我听到了杨林老师潇洒自如、激情澎湃的演讲。瞬间，我的心被强烈地震撼了。我非常激动地在内心里告诉自己，这就是我想要的，这就是我一直深爱着的舞台！在活动现场，我马上报名成为了杨林老师的弟子学员，之后一直紧紧跟随着杨林老师学习。这一学就一发不可收拾，这一学就让我更加热爱这个舞台，这一学就让我找回了一直深藏于我内心近 30 年的艺术梦想。

我现在是一名国家级高级礼仪培训师，中国女性形象工程礼仪讲师团讲师，中南大学航空服务专业商务礼仪讲师，中国儿童礼仪高级讲师。非常有幸能与尊享结缘，可以说，我与尊享的结缘，是我人生之中最美的传奇与神话。目前，在一批志同道合的朋友们的帮助下，我正在筹建中国儿童礼仪协会湖南省长沙市分会，我将引领儿童礼仪事业在长沙乃至在湖南遍地开花，繁荣发展。

结识尊享让我再一次站上了我一直深爱的舞台，结识尊享让我挖掘出深埋在我心底的小梦想，结识尊享让我的小梦想变成了超级大梦想。我想成为一名像杨林老师一样非常优秀的、激情四射的魅力演说家，我想成为像杨林老师一样有超级大爱的优秀企业家，我想成为像杨林老师一样有梦想就勇敢去追的超级梦想家，我更想成为像杨林老师一样的，给别人心中种下一颗梦想的种子，让这颗种子茁壮成长为参天大树的造梦专家！

我想拥有以自己名字命名的礼仪工作室，我想拥有自己的艺术培训学校，我想把全省、全国甚至于全世界最好、最棒、最科学的教育课程及教育理念传播到中国的每一个地方，让那些贫困地区的孩子们，也能享受与城里孩子一样的教育，让他们也能有更多的机会成为国家的栋梁！

走进尊享，我重拾了我的梦想；走进尊享，我成就了我的梦想；走进尊享，我坚信我一定可以实现我的梦想；走进尊享，我将成就美好的大中华，让世界仰慕中国，让中国真正屹立于世界的东方。尊享就是我在这座城市之中最爱的家。走进尊享，我无比幸福！

杨林点评

龙国平的经历,让每一个听到的人唏嘘不已。为她曾遭遇过的苦难而疼痛,也为她的坚毅而自豪,更想为她的未来而祝福,希望她在未来事业的道路上能够顺风顺水,在尊享这个大家庭里可以活得开心、快乐。

俄国的文学家列夫·托尔斯泰说过:"理想是指路明灯。没有理想,就没有坚定的方向;没有方向,就没有生活。"英国心理学家和教育学家佛来明曾说过:"一旦失去理想,失去了精神上的追求,人类就变得无知,社会也将会变得漆黑一团。"

现实中我们会因为各种各样的缘故,或被迫放弃梦想,或迷失自我寻不到梦想。可是埋在心头的梦想,并没有消失。有时候几句触动的话、一个不经意间的举动会让我们立即深刻地触碰到它,当我们再次拥抱它时,将会是一种多么美妙的事情。希望每一个参加魅力演说的朋友,都能够在尊享找回自己曾经遗失的梦想。

一、领袖都是造梦的高手

人因梦想而伟大,因需要而幸福,因价值而存在。如果把企业比作一列火车,那么领导就是火车头。火车能够开向哪里,很大程度上取决于火车头;企业能够发展的高度,同样取决于领导的思想境界。

在企业中,具有远大梦想的领导最受下属欢迎,是因为这代表着自己未来的发展前途不可限量,它能产生无穷的感召力和凝聚力,带领团队共同朝着美好的方向迈进。

提到造梦者,很多的人都会说到马云和任正非。十几年前,他们创业伊始,

一无所有，没有人会想到未来的他们能够成为企业界的风云人物，然而怀着梦想的他们，把所有的不可能都变成了可能。

著名的企业家邱永汉说过："25岁到35岁为创业最佳期，40岁已经相当迟，40岁以后则是例外中的例外。"任正非的成功更像是一个例外中的例外，他创业的时候，已经43岁了。这确实太迟了，他不会有更多的时间。43岁还要从零开始拼搏，这谈何容易？但是，可贵的是即使到了这个岁数，任正非还保持着年轻人的冲劲和锐气，他咬紧牙关，挺过了最艰难的时刻，通过20年的时间把华为培养成了通信业的巨人，直接创造十万个高科技就业岗位，间接影响着几十万个家庭，带领华为走向了辉煌。

另一个造梦高手——马云，曾经跟我们大多数人一样，一个普通得不能再普通的人，没有显赫的家庭背景，没有高大帅气的形象，没有优秀的学习成绩，没有聪明睿智的头脑。很多人都想创业，但他们似乎有一个同样不创业的理由：我没有钱，我要是有钱的话，怎么怎么样……似乎只要有钱，他们就一定能创业成功。可是马云的创业经历告诉我们，没钱，同样可以创业，同样可以创出一番伟大的事业。

法国有句谚语："不相信奇迹，奇迹永远也不会降临在你身上。"奇迹并不是特意为我们发生的，它通常是以两种方式发生：第一种方式是面对生命中的挑战时，我们屹立于它之上，使自己成为英雄。第二种体验奇迹的方式就更加微妙了，对大多数人来说也更加难以琢磨了，它只有在我们敞开心怀的时候，才会走进我们的生命。

相信奇迹，首先要相信自己。自信是走向成功的第一步，是人们事业成功的阶梯和不断进步的动力。我们每个人都是生活在复杂社会环境中，竞争无处不在，信心也就显得尤为重要。虽然每个人都可以树立自信心，但要真正的做到却并非易事。只有那些勇于面对困难并敢于克服困难的人，才配享有它。

面对生活的汹涌波涛，我们应该坚定信心，鼓足勇气，百折不挠，破浪前行。如是，才能挣脱生活中的羁绊，从一个胜利走向另一个胜利。

二、领袖都是给予他人希望的人

古今中外，治国也好，治企也好，得人心者得天下，失人心者失天下，这是一个谁也否认不了的真理。在现在这个时代，人才可以说是最重要的，企业要做大，就要重视人才。如果修长城，人才就是基石；如果建大厦，人才就是栋梁；如果搞企业，人才就是成功的保证。如果想把企业做大，不想当一个小作坊主，那就必须重视人才。无论干什么事业，人才都是成功的保障。

很多企业领导抱怨企业员工的工作积极性不高，团队工作缺少激情，核心人员总是不断流失。有些时候领导雄心勃勃地向员工规划企业的未来，但员工漠不关心。领导把这些因素归结为员工的眼光太高，外部的诱惑太大，不愿从自身找原因。其实，一个企业缺少人才不可怕，留不住人才才可怕。

很多时候，当员工提出离职的时候，领导才想起来要如何留住员工。员工离开公司不是一时兴起，是经过很长时间的深思熟虑，在公司看不到发展前景，看不到继续前进的动力。领导很多时候把员工离职的原因归结为薪酬的原因，实际上，绝望比贫穷更可怕，信心比财富更珍贵。如果员工一旦对企业的发展心灰意冷，离职将会成为必然的选择。给予员工希望和前景是留住员工的最好手段，它不是靠几句空话谎言就能解决的事情，它需要领导从企业的长期发展上下功夫。领导可以从以下几个方面给予员工希望和前景。

（一）用事业留住人才

在企业制定发展战略的基础上，为人才制定发展目标，把人才的发展与

企业的发展结合起来，使人才随着企业的发展也得到相应的发展，获得创造事业的机会。这样人才在工作中感受到自己的利益与企业的利益密切相关，自己的发展与企业的发展息息相关，自己的工作不仅很有意义，而且很有发展前景，从而增强工作的主动性和创造性。在实现发展目标的过程中，体会到当家做主的责任和义务，对企业远景产生真实感，自觉为企业的发展而努力工作。

（二）用发展留住人才

企业在抓好经济工作的同时还要注重人才的发展。企业要指导人才，根据自身的特点和专业特长，结合企业发展目标，搞好职业生涯设计，使人才"各行其道"，形成不同的发展方向和职位晋升轨道，如行政管理人才，向管理方向发展，走管理轨道，成为管理专家；技术科研人才，向技术方向发展，走技术轨道，成为科技专家。只要成绩优秀，每个人机会均等，都可以获得不断的晋升。同时企业也要营造干事业的环境和发展的空间，为人才提供成才的土壤，帮助其实现各自的职业生涯计划，增强人才的成就感和对企业的认同感。

（三）用待遇留住人才

市场经济条件下，人们非常重视物质利益，一般而言，企业的人才都经过多年的寒窗苦读和实践磨炼，掌握了一技之长，他们成才所需的投入远大于普通员工，回报社会和企业的贡献也较大，所以希望得到的回报也要高于普通员工。因此企业应当建立绩效优先、各类要素参与分配的利益机制，使人才在付出劳动时能劳有所得，得值其劳，才能在新一轮的劳动付出中使人才保持旺盛的斗志和高昂的精神。企业要认识到薪酬和福利不仅仅是成本，更是投资，用得好，就能集聚人心，调动人才的积极性和创造性，取得低成本高效能的回报。

（四）用制度留住人才

企业要建立科学的现代企业管理制度，规范管理工作。在日常管理工作中坚持"公平、公开、公正"的原则贯彻执行管理制度，将科学的理念植入每个职工心里，让每个职工都清楚地认识到制度的严肃性，在工作中遵章守纪，使企业的各项管理工作有章可依、有章可行，处于井井有条之中。在人才提拔使用上摒弃"论资排辈"，为人才提供足够的用武之地和广阔的发展空间，使他们能人尽其才，才尽其用；在收入分配上摒弃"平均主义"，将薪资与工作绩效和贡献挂钩，让人才能劳有所得，得值其劳。人才得到了制度的保护，享受了公平、公正的待遇，才愿意留在企业发展事业。

修己方能渡人

人的一生，没有谁事事得意，处处风光。告诉自己，淡然一些，看开一点。生活中保持一种平常的心态，淡然而简单，就会愉快。没人知道，痛苦会在哪个时间段出现，也没人清楚，烦恼会在哪个地方出现。

规划人生，做一个有态度的人

尊享故事

杨林老师是我在 300 多人面前拜下的人生第一位真正意义上的师父，因为从师父出现在我视线的那一天起，我的人生就发生了意想不到的改变。

在 2015 年 10 月 23 日一堂魅力演说的课程上，我成了一位魅力演说年卡学习会员，接着第二天我便又报了一个终生会员，因为我的直觉告诉我，我终于遇到了那个对的人，对的师父，杨林老师的大爱、梦想、格局，值得我紧紧跟随，终生为师！

我记得杨林老师上课的时候讲过一个铅笔的故事，我一直在思考，我杨蓉的人生是不是也是一支铅笔？刚开始的时候我觉得我很年轻，我犯的每一个错误将来会有时间去修正，所以我不担心，我觉得我的人生还可以重来。但是一晃，时间一天天过去了，我想改正的错误并没有在日后的日子里得到改正，错误还是错误，而我都已经"奔三"了。

特别是在 2016 年 6 月 24 日魅力演说的课程上，当我看到跟我一起走进尊享学习的伙伴们都能在台上滔滔不绝，还能去到其他课场进行分享的时候，我的心被彻底刺疼了，我必须加快跟随杨林老师学习的脚步。所以当我参加 2016 年 9 月 8 日 "凤凰·沐心之旅" 的课程时，我真的做到了放下，放下了恐惧，放下了不自信，放下了不可能做到的心理，最后我不仅突破了自己，绽放了自己，还收获了更多的爱、信任与友谊。

三十而立，我觉得我必须要用正确的态度去对待我的人生了。我的人生，像铅笔一样，但我不允许它出错，我的人生已经没有太多让我重来的机会。

敢站上舞台是我的突破，站上舞台能讲话是我的一大提升，至于能讲什么，用我人生的这支铅笔能书写出什么样的内容，我还要跟着杨林老师继续修炼，把魅力演说练习到底！现在我又担任着杨林老师的助理一职，跟着师父一步一步地实现尊享的目标，实现我自己的人生目标，我更有信心！

杨林点评

杨蓉一直记着分享铅笔的故事，可见她的内心应该是很触动的，虽然她在 2015 年 10 月才第一次听完我的课程，但是她认识的人里面，向志强、刘广庆等都得到了飞速的成长，所以她也是渴望实现真正的自我超越的。

演讲需要保持基本水准，但也要有深度，要不断深挖下去。需要更多的时间历练，更多的上台演讲，才能形成自己的风格，才能真正讲到听众的心坎里，所以杨蓉需要更多的历练，我相信杨蓉未来的演讲会更加出色。

一、人生是一场修行

人生就是一种修行，修的就是一颗心！我们能做的，就是做好自己，我们应该做的，就是珍惜拥有。不管今后再遇多大的困难，碰到多少的不快，我们都应真诚相处，坦诚相待。

人生在世，没有一种快乐，是专为我们设计的，没有一种痛苦，是单为我们预留的。这个世上有多少种心情，就有多少种开心，有多少种不幸，就有多少种酸痛。大有大的欢欣，小有小的酸心，没有谁能避开伤痛。好好善待自己，过去的能忘则忘，眼前的能不计较就放开，未来的不要想得太多。路再长也是会有终点，夜再长也是会有尽头，不管雨下得有多大，总会有停止的时候。沉淀你的心情，去除浮躁，心静自然凉。指责要留有余地，批评要和风细雨，学会控制自己的情绪，也许，你的生命将会行走得更加顺利。杂草多了，水流就缓慢，杂念多了，脚步就慢了。

宽容是爱的基础，理解是爱的根本。生命中有那么多擦肩，相守的能有几人，岁月里有那么多并肩，相知的又有多少。人生难的是理解，痛的是不解与误解。爱的世界里，谁都不是谁的唯一，情的海洋里，谁都不是谁的附属，爱他就要相信他，给他自由，爱的天平上，最怕绑架，最怕设防，不要架着喜欢的名义，处处设防，不要说着爱的甜蜜，事事警备。限制不是喜欢，圈定不是爱意，爱情最大的喜欢，就是尊重。尊重彼此的感情，尊重相互的喜好，有乐分享，有愁分担。

人生就是一场修行，修的就是一颗心。心柔顺了，一切就完美了；心清净了，处境就好了；心若快乐，人生就幸福了。

人这一辈子，不管活成什么样子，都不要把责任推给别人。一切喜怒哀乐都是自己造成的。多点淡然，少点虚荣，活得真实才能自在。

二、提升自己的境界

戏如人生，人生如戏。我们每个人既是自己人生的导演，也是一生的主角，而如何以自己为主角，导演一部精彩的人生之剧，关键在于各自的修行。

（一）忍得住孤独

人生想要获得成功必须忍得住孤独，尤其是在创业之初，很多时候为了达成目标，可能别人在休息时我们还一个人在默默无闻地付出，这种过程是非常孤独的，但如果能挺过去，我们将会比别人取得更大的成功。

（二）顶得住压力

没压力就会没动力，大家都知道这个简单的道理，但是很多人却在遇到压力时选择了逃避和放弃。只有当我们摆正心态，坦然地面对压力时才会给我们的成长和发展注入无限动力。

（三）挺得住痛苦

人生道路并非一帆风顺，一路上难免会有很多坎坷、泪水、痛苦。痛苦

之后往往会有两种结果，一是萎靡不振，二是更加强大。我们在经历了痛苦之后究竟是萎靡不振还是更加强大，取决于我们是否能熬得住痛苦。

（四）耐得住寂寞

为了生活、为了工作、为了事业，往往很多时候我们都不能陪在亲人朋友身边，而是必须占用很多的休息时间、与家人团聚的时间。我们是否能够耐得住这种寂寞？

（五）挡得住诱惑

做人做事必须坚守自己的理想和原则。只要我们所坚守的是正确的事情，哪怕会有短暂的痛苦也应该坚持下去。如果我们所做的是错误的事情，哪怕会得到短暂的快乐，也应该坚决放弃。

生活中处处都会存在着各种各样的诱惑，如果定力不强，这些诱惑会随时影响并阻碍着我们前进的步伐，甚至会让自己迷失前进的方向，陷入短暂利益的旋涡中。在种种诱惑面前，我们要一如既往地坚持自己正确的原则和理想。

（六）经得起折腾

每一次的失败、每一次的泪水和汗水总是在不断地折腾着我们，因此让我们的发展道路充满荆棘，但经过无数次的折腾才会让我们从中深刻地体会到生活的真谛，我们试问自己能一而再、再而三地经得起折腾吗？当经历无数次的折腾后，我们还能坚持吗？

（七）受得起打击

当面对他人一次又一次的冷嘲热讽、当面对客户对我们一次又一次的打击时我们能经受得起吗？我们是否还能保持最初的激情，同时坚守自己的目标？我们是否还能保持不下降指标，持续不断地增加措施？在市场开发中，当客户毫不客气地让我们"滚"时，我们会保持一种什么样的心态呢？我们是继续争取还是马上灰溜溜地离开，从此不再争取？无论是个人还是集体，不在打击中成长，就在打击中消亡。

（八）丢得起面子

面子是自己给的，不是别人给的。害怕丢面子会让自己丢一辈子的面子，害怕失败会失败一辈子，害怕丢面子往往带来的结果是打肿脸充胖子，会让自己更加痛苦，从而丢掉更大的面子，让自己陷入一种恶性循环。

（九）担得起责任

"责任"在生活、工作中都随时被我们挂在嘴边、屡见不鲜，分内应做而未做或者应做而未做好，应当为此承担过失。责任分为三种：家庭责任、企业责任、社会责任。在家庭中，我们扮演着儿女、父母、丈夫、妻子等角色，在企业中我们扮演着员工、管理者、领导或者老板的角色，在社会中我们扮演着公民、律师、老师、企业家等角色。总之，每个人在不同的场合都扮演着不同的角色，然而我们是否能真正地用行动来承担起自己在各种场合下的角色？

（十）提得起精神

当我们在连续多天加班或超负荷工作后是否能提起精神，为了自己的目标而继续冲刺？世界是修炼之房，尘事是修炼之境，天空是修炼之志，大地是修炼之胸。精、气、神而塑人形，语、行、意而察人韵。待万物如初、正念载德、宽厚载物、缔造其传说！

后记

经济全球化时代，不论人与人之间的交往，还是国与国之间的沟通，演讲变得越来越重要。会议发言需要，工作汇报需要，当众讲话需要，朋友聚会需要，登台讲话需要，国际谈判需要，公共外交需要……特别是随着中国经济的快速发展，中国国际地位的不断提高，中国经济走向世界，中国文化走向世界，世界需要中国的声音，中国需要向世界发声。

作为一名演讲者，我认为，在国际演讲的舞台上，需要中国的声音。中国演讲走向世界舞台，中国演讲引领世界演说潮流，是每一个中国演说家不可推卸的责任和使命。作为新一辈演讲人，自当弘扬时代之精神，点燃民族复兴之梦想，把握时代之浪潮，舞动世界之旋律，续写千秋之华章！

《为自己代言：魅力演说的终极心法》这本书是我根据自己多年的演讲经验，对当下演讲的一些重新定位和阐释。在以后的培训课程中，我会不断推广这些思维

和理念，让更多志同道合的朋友，成为对这个社会、这个国家有用的人才。同时祝愿每一位读者，阅读完此书后，能够有所收获，可以自如地运用书中知识，改变命运，心想事成！

这本书的出版，首先，要感谢我的家人一直以来的陪伴；其次，感谢尊享文化传播有限公司合作伙伴的全力支持；最后，还要感谢智读汇创意出版中心的总策划柏宏军先生及各位编辑老师为本书出版所做的大量编辑工作。

2016 年 12 月

本书在写作过程中，获得了以下人员的无私帮助，在此表示感谢。

黄芬

尊享文化董事长
步多健健康科技总经理
尊享盛世网络科技创始人
湖南牡丹会创始会员
资深媒体方雨落地荟首位发起人
广东广播电视台综艺频道《微商领袖》访谈嘉宾
2017 微商春晚联合发起人

任何人每前进一步都离不开用语言开路。她的梦想就是：以企业会员需求为核心，搭建一个线下交流、学习、整合，线上购物、销售的平台。

尊享盛世集团是一家集投资、教育为主的综合性集团，目前旗下有教育、健康、网络科技三大核心业务，集团拥有尊享文化传播有限公司、湖南步多健健康科技有限公司、尊享盛世网络科技有限公司、十余家文化馆等分支机构，投资有法国翡丽莱斯商贸有限公司、湖南食小伙电子商务有限公司。

尊享文化传播有限公司创办于 2014 年，公司秉承高度的商业认知，将人文精神与商业价值融为一体，深入企业提取核心价值，为企业量身打造招商系统，搭建演说平台，帮助无数企业提升品牌与商业价值，成为众多企业指定服务商。

尊享盛世网络科技有限公司是一家致力于 O2O 的综合网络平台，旗下拥有尊享优购平台，可以让消费者用最经济的价格采购全球最有价值的产品。

另外，湖南步多健健康科技有限公司成立于 2016 年，是一家集研发、生产、销售、服务于一体的现代化高科技企业。目前，公司的主导产品"步多健"牌系列全息反射治疗板，已经帮助数十万人重获健康。

陈志钢

湖南非我不可电子商务有限公司，简称非我不可电商。

公司专注于绿色环保纸业的研发设计、生产销售，注册拥有"竹善美"商标品牌。竹善美主要产品为竹纤维本色纸，涵盖中高档系列生活用纸，产品丰富多元化，全系列产品均采用纯天然原生态竹浆精制而成，经过450℃的高温瞬间消毒杀菌达到真正的放心品质。竹纤维本色纸手感柔软、细腻，不掉纸屑，不含荧光剂，不含化学有害物质，具有天然抑菌作用，非常适合孕婴人群。

"留竹本色、爱在善美"，深度体现了竹善美的品牌文化，唯美唯善，回归本真是我们对环保公益事业的追求，也是我们对待家人健康的态度。拒绝漂白，让爱纯净，我们始终追求为消费者提供更有品质的纸业产品。

公司终身致力于环保事业，以"纸为家人健康，环保从我做起"为己任，坚持节能减排和可持续发展战略；践行公益事业，通过关爱健康、关爱家人多类健康公益活动，倡导传播环保公益；发扬真善美文化，通过慈善活动传播真善美的价值观。

"大众创业，万众创新"成为我国的国家战略，在国内掀起了一股创业创新的风潮，公司围绕创业创新打造"O2O+F2C+会员制"的全新销售模式，让产品从工厂直达消费者，减少中间流通环节，让品质更有保障，让消费者利益最大化，与大家一起携手同行，共创美好未来！

我们的愿景：竹进百姓人家

我们的使命：践行环保理念，发扬善美文化，为消费者提供更好的纸业产品

企业核心价值：用心服务、尽善尽美、诚信本真、共享未来

刘广庆

助乐健康管理中心是一群有梦想、有正知、正能量的国家级营养师组成的团队，应用营养干预的方法调理亚健康人群的服务机构。通过营养师们更好地传播营养健康的理念，提出符合实际情况的健康计划，提供全面均衡人体细胞需要的高品质、有效的营养健康产品，切实转变人们的不良生活方式，把均衡饮食、营养干预、细胞更新、良好健康的生活方式融入百姓生活，真正让人们身体更健康，体魄更健壮！

我们的人生梦想是：成为卓越的营养师！

我们的健康使命是：让人们健康活过 100 岁不是梦想！

我们的健康目标是：带领 1000 名营养师，帮助 1 亿身边的朋友身体更健康，体魄更健壮！

龙国平

    清雅艺术咨询有限责任公司，主要从事男士及女士的个人形象定制，男性及女性素养培训，企业文化打造及员工礼仪培训，儿童礼仪系列课程及家长沙龙活动，各类艺术培训（儿童、青少年及成人）。

    我公司拥有一支非常专业的服务团队，优秀的专家队伍，为您提供非常专业、贴心、温馨、有爱的服务。

文娟

湖南食小伙电子商务有限公司创始人
尊享文化株洲文化馆馆长
星云主题宾馆总经理
侬好中西餐厅总经理

　　湖南食小伙电子商务有限公司成立于 2016 年 2 月，属于知名企业湖南林耘食品有限公司旗下独立经营的子公司。是一家集自主研发、生产、营销于一体的现代化营养健康食品企业，始终秉承纯天然、无添加的理念，把最好的营养美食献给最挚爱的客户。

　　湖南林耘食品有限公司 2014 年年底在宁乡县金玉工业园区购地 30 亩，现在正在规划设计中，我们在借助母公司雄厚实力的基础上通过有效推广公司电商运营平台，力争将食小伙阿胶养颜茶打造成中国食品行业的知名品牌。

易福安

　　尊享文化传播有限公司创办于 2014 年，是一家以演讲培训、投资招商、电子商务为主体的综合性公司。创办至今，在全国十几个省市区有一百多家战略合作伙伴，尊享文化秉承高度的商业认知，将人文精神与商业价值融为一体，深入企业提取核心价值，为企业量身打造招商系统，搭建演说平台，帮助无数企业提升品牌与商业价值，成为众多企业指定服务商。

　　一家具备使命感的文化公司；

　　将中国的声音传播全世界；

　　尊享，成就你的舞台梦想！

 左彪

 肖小凤

湖南食小伙电子商务有限公司董事长

人为什么活着，因为有梦。他曾经是一名退伍军人，他曾经在政府工作了 10 年，因为怀着激情和梦想，他开始了创业。2016 年他成立了湖南食小伙电子商务有限公司，担任董事长职务！

"努力到无能为力，拼搏到感动自己"是他的座右铭，从踏入社会开始，他一直为着自己的梦想在努力和拼搏！他的梦想是要将阿胶养颜茶这一款爱的产品送给全世界需要爱的人！自从认识了杨林老师，结缘了尊享，让他更有信心在三年内实现自己的梦想！

品质成就品牌，人品铸就未来。

家庭财务规划师

中南大学财务管理本科毕业、累计 12 年企业财务管理经验

中国平安综合金融俱乐部资深会员

综合金融产养绩优明星

中国平安湖南分公司培训导师

钻石俱乐部钻石会员

1A 荣誉业务员

中国平安业务主任

使命：协助人们做好更贴切的金钱运用，储蓄，保险，投资和规划，以达到均衡、富裕、美满、没有遗憾的人生！

 刘海平

 郭晓敏

贵州茅台（集团）生态农业发展有限公司
创新营销模式全国招商总监

茅台生态农业公司是茅台集团实施"结构调整、战略转型"举措的重要平台，也是集团公司培育新兴业务的重要支点，充分利用中央大力发展生态农业的战略机遇，大力发展生态农业、大健康战略。跟着千亿茅台大战略，抓住集团战略转型的时机。消费理财、股权分配、分享经济、电子商务、O2O 万店连锁，科学的市场操作方案，依托互联网＋，融合多渠道、多模式、多业态，构建全新的商业架构。

站在巨人的肩膀上，与酒业航母共享千亿财富！全新的发展机遇，等待您的加入！

法国翡丽莱斯高级形体设计师

新疆新源冰美人美容院、皇佳冰美人创始人

高级化妆师

高级纹绣师

大型会议高级讲师

美容师培训激励大师

所属美容院特色：

法国翡丽莱斯形体雕塑；托玛林汗蒸透气房，特色正骨，28D，无添加修护皮肤。

 唐小红

 杨蕙绮

　　长沙市星城·树人幼儿园坐落于望城区星城镇湘江建地小区内，交通便捷，环境优雅。园内面积 1500 平方米，是一所性价比超值的普惠性幼儿园。

　　园长唐小红是一位具有二十多年学前教育管理经验的幼儿教育专家，也是中国尊享文化公司的慈善大使，热爱教育，热爱学习，博思广义，喜欢创新。在她的带领下，全园教职工理想非凡，爱心卓著，胸怀博大，热情似火。

　　我们的目标：为孩子一生幸福奠基。

　　我们的宗旨：一切为了孩子，为了孩子的一切。

　　我们的理念：教育改变人生，性格决定命运。

尊享文化成长弟子

碧波庭水莲花终生志愿者

万通葡萄酒总经理

 万胜杰

 孙美玲

　　湖南维诚同乐信息科技有限公司挚品会健康商城品牌创始人

　　藏御堂湖南联合创始人

　　互动 微购城市服务商

　　湖南维诚同乐信息科技有限公司是一家实力雄厚，专业进行微营销的管理、策划和运营的移动互联网平台公司。致力于打造集货源、推广、销售、培训、咨询、工具等于一体的微商大平台，为更多有梦想、想努力拼搏的人提供创业平台，帮助他们实现个人梦想！

　　益阳市赫山区乐美超市通过多年的经营，管理机制日臻完善，运营、系统方面都不断精益求精。乐美超市力争通过自己的努力成为当地最便捷的购物场所，为消费者带来更多的实惠和便利，并携手各商业伙伴为当地经济繁荣做出贡献。

　　乐美超市经营理念：以诚信为本，以低廉价格、卓越的顾客服务为广大消费者提供日常生活所需的各类消费品。

　　乐美超市主营范围：日用百货，粮油制品，冷冻食品，散装副食品，包装休闲食品，干货类，水果类，童玩类，文体类等。

邹晓维

　　湘潭尚格门窗有限公司系长沙新振升集团公司在湘潭地区的总代理，一直致力于产品的推广及渠道的产品配送，是公司忠实的战略合作伙伴及五星级信誉客户。公司旗下拥有"振升""金刚"两大品牌，主要产品包括铝型材系列、成品门窗系列及优质建筑门窗幕墙配件。公司坚持"高起点创卓越质量、高素质创知名品牌、高效率创一流企业"的原则，不断开发生产引导消费潮流的高性能的优质产品，致力于优化人类生存环境，营造舒适生活空间，构筑和谐美好的未来。

李春娥

　　沈阳天宝药业有限公司雪儿海蒂官方总代理
　　雪儿海蒂青春源素是一款由沈阳长春生物科技有限公司提供原料，沈阳天宝股份有限公司旗下天宝药业生产和加工，广州宣季生物科技有限公司推广的生殖系统排毒养阴的产品。

陈小娟

小学高级老师
尊享长沙县馆长
心理咨询老师
青少年教育家
舞蹈协会会员

王维

　　绿色人居环境缔造者
　　沁庭装饰【QTD沁庭（香港）设计事务所】集室内、软装、景观、灯光设计、项目技术服务、项目管理、工程施工于一体，提供跨专业一站式设计服务及工程施工管理。
　　沁庭装饰的专家顾问来自于不同区域，沁庭装饰的跨专业核心设计合伙人均是各专业领域的精英，目前我们的主要客户已经包括了林达集团，九圣禾种业集团，中国能建集团，中铁置业，绿城集团及各行业商业领袖，等等。

 李志红

尊享文化益阳馆馆长

从事传统行业 20 年,从小办事员到单位负责人,从小保安到连锁企业高级管理人员,一步一个脚印,兢兢业业,勤勤恳恳!2016 年 4 月成为尊享学员,进步显著,多次获得尊享文化各类学习和演讲比赛的个人和团队冠军,被誉为尊享的一匹"黑马";2016 年 10 月成为尊享文化益阳馆馆长,立志带领益阳馆所有学员一起努力,不断拼搏,争取将尊享益阳馆打造为尊享文化优质示范馆!

 于争荣

尊享盛世集团执行董事
尊享文化商学院院长
尊享文化首席讲师
尊享盛世网络科技董事

我是杨林老师的首席大弟子,自从跟随杨林老师,专注培训行业 7 年,从一个内向自卑的农村男孩,到今天我已经是尊享盛世集团执行董事、尊享文化商学院院长,人生轨迹的改变正应了一句话:跟对人,做对事。

我向往一条鱼,不是因为它生活在水里,而是它自由自在游刃有余的生活态度。我要立志成为教育家,演说家,投资家和青少年教育传承者。

 李艺

尊享盛世集团董事
尊享文化执行董事
尊享文化金牌讲师
尊享盛世网络科技董事

我相信推销活动真正的开始是在成交之后,而不是之前。推销是一个连续的过程,成交既是本次推销活动的结束,又是下次推销活动的开始。推销员在成交之后继续关心顾客,将会既赢得老顾客,又吸引新顾客,使生意越做越大,客户越来越多。

 陈长炼

尊享盛世集团董事
尊享文化联合创始人
尊享文化金牌讲师
尊享盛世网络科技执行 CEO

90 后的她,是主持人中最会演讲,是演讲师中最会主持的老师;23 岁拥有自己的爱车,24 岁拥有三室两厅的不动产;她被誉为中国新生代活力活派演说家,温情派朗读导师,快速影响团队的金牌销冠,卓越创新的魅力导师。

她,立下宏愿,要用毕生的智慧和能量,帮助一万人站上舞台,创造价值。

 黄谛

 刘亮

尊享盛世集团董事
尊享文化执行董事
尊享文化金牌讲师
尊享盛世网络科技董事
湖南步多健商学院执行院长

　　杨林老师说过，一个人只要下定决心做好一件事情，必定成功，因为决心大小决定成就大小。这句话影响和改变了我的命运。我初中没有毕业，学历低，14岁就步入社会，但是自从18岁跟随杨林老师，专注培训行业7年，我已经培养了很多企业成为行业榜样。成为一位卓越的演说家、招商导师，是我一辈子奋斗的目标。

尊享盛世集团董事
尊享文化总经理
尊享盛世网络科技董事

　　"我是上帝的宠儿"，这是我从小到大的座右铭，更是在我碰到困难时时刻激励自己的一句话。说来也怪，无论是在培训行业的6年，还是在中途经营自己的企业实体去做落地，或是在今天能够担任尊享文化的总经理，身边都有着无数的贵人，他们在我的前进道路中给了我很多动力和支持。也许就像我们培训行业说的吸引力法则吧，我也相信我的这种小幸运会一直伴随着我。当然幸运只会降临在努力奋斗的人身上，我也会为了这份幸运一直努力着。

 邹咏桃

 吴嫦

　　我是尊享文化的股东，也是尊享郴州文化馆的馆长

　　"女人可以长得不漂亮，但一定要活得很精彩"是我的人生格言。从事美容、健康产业10多年，非常喜欢学习，也因学习而改变命运。自从走进杨林老师的魅力演说课程，被老师的舞台魅力、智慧和大爱所折服，决定跟随老师学习，成为老师最得意的学生和一名魅力导师，透过演说帮助和改变更多人，让更多人收获身心健康，还能拥有成功的事业以及全方位平衡式的幸福人生！

　　翡丽莱斯商学院执行院长

　　2006年进入美业，便深深地爱上了这个朝阳行业。2007年投身于美业职业经理人，开始了我近8年的大型美容会所管理生涯，对这个行业由热爱到挚爱。我很幸运，自身的经验和专长结合杨林老师的魅力演说，开启了我的潜能，放大了我的梦想。

　　2015年结缘翡丽莱斯，在最卓越的商学院平台，我收获到自己的梦想和人生的方向。翡丽莱斯专注打造世界级先锋产品，做美体行业领跑者，做形体管理传播者。

 李良树 　　　　 饶芬绮

金天国际·雪莲生态保养

　　金天国际雪莲生态保养 26 年来已被世界 40 多个国家和地区注重健康的人们信赖推崇，成为人类健康生态保养的时尚！

　　以天山雪莲花等 30 多味草本植物精华素组方，生态保养。系列产品有：

　　男女生态保养系列；

　　女士雪莲生态保养、男士雪莲天宝得乐；

　　天山雪莲养生足浴、雪莲有机护肤品系列；

　　生物气波系列、本源养生系列。

法国翡丽莱斯首席设计总监
法国翡丽莱斯金牌讲师
法国翡丽莱斯资深教练
法国翡丽莱斯浙江省负责人
法国翡丽莱斯全国市场总监
"赢在终端"百万单店策划总监
"遇见最美的自己"沙龙会特邀嘉宾
中华中医关注女性亚健康调理总顾问

梁彬彬

红瑶联合创始人
红瑶执行总裁

聂燕

鼎森国际家居港董事长

李雨赛

【凯旋门 时光印】营销总监

陈江平

贵州茅台（集团）生态农业
产业发展有限公司经销商

陈湘镕

湘潭市华晟科技有限公司总经理

邓美林

长沙亿丫装饰工程有限公司经理

雯淇

尊享原始股东及战略合伙人

杨仁

尊享文化股东

何辉

步多健联合创始人
贵妃阁养生馆董事长

胡能文

步多健联合创始人和股东

江文茜

资深培训主持人
宁乡青年帮衬公益慈善协会副会长

罗瑛

湖南食小伙电子商务有限公司
阿胶养颜茶创始人

刘玉枚

长沙兴旺网络科技有限公司总经理
步多健联合创始人和股东

谭春花

美乐家（中国）日用品有限公司
高阶服务推广商

刘端

长沙好每家五金工艺厂总经理

李波

长沙新资源房地产咨询有限公司创始人

袁志明

亿丫装饰工程有限公司总经理

赵锋

湖南创咖创业服务有限公司
联合创始人兼运营总裁
创恒工作室创始人
黑人俱乐部创始人

肖遥

长沙正能量装饰总经理

张烂香

深圳市荣强斌电子五金有限公司

孙慧敏

MiMi 形象管理中心

向志强

尊享文化股东
湖南步多健联合创始人

黄畅

尊享文化股东
尊享文化财务主管

周莎丽

尊享文化股东
湖南步多健商学院金牌讲师

梁凤英

尊享文化合伙人
尊享文化会务主管

陈良

尊享文化股东
尊享盛世网络科技架构师
湖南步多健康科技联合创始人

杨蓉

尊享文化合伙人
尊享盛世网络市场经理

好书是俊杰之士的心血，智读汇为您精选上品好书

亲爱的读者朋友：

我们倡导学以致用、知行合一，特别推出互联网时代学习与成长的"三个一工程"——一书一课一社群。所有"智读汇·名师书苑"的精品图书背后，都有老师精品课程值得关注。

希望到课堂现场聆听作者的智慧分享，请与我们联系。愿我们共同分享阅读、学习和成长的乐趣！

ISBN	书名	作者	简介	定价（元）
9787517700203	大底回升：股市实战技巧与策略	刘子德	《大底回升：股市实战技巧与策略》不单教你掘金路线，更教你如何躲过暗礁，稳中求胜走向最终盈利。	35.00
9787802344716	预约未来：我在森达12年	袁锦	本书是一本回顾过去、展望未来的经管励志书。作者袁锦，曾在森达工作12年，其间有笑有泪，有反思有感悟。	32.00
9787504753045	成功就是少走弯路	吴帝聪	作者通过向几十位全世界顶尖大师学习，结合自己多年的思考与总结。	38.00
9787518009688	变诉为金Ⅱ：客户投诉管理与处理艺术	孙凯民	本书作案例涉及电信、电力、银行、航空等众多行业，并首次呈现了世界500强企业投诉管理体系制度规范精华和作者的点评。	38.00
9787504753618	不可思议的潜能	张钦源	本书对潜能进行了综合阐述，帮助希望走向成功的人走向成功。	38.00
9787504754004	决不管理	施淇丰	书中内容来自一线，作者一针见血地分享了"唯有团队才能成就伟大公司"的独家秘籍！	38.00
9787504754189	让青春在店铺中闪光	姚慧连	第一本真正改变中国门店终端不负责心态、打工者心态的智慧宝典。中国门店终端80后、90后店员美好人生规划书！	38.00
9787504754455	我看见你了：都市身心灵觉知课	杨新明	本书是第一本对电影《阿凡达》的权威解读。詹姆斯·卡梅隆将他自己觉悟的灵性思想告诉全世界。	38.00
9787504755124	有料：舌尖上的智慧，魅力领袖的说话之道	杨斌	本书通过三篇教你如何成为口才达人：第一篇"取料"，第二篇"倒料"，第三篇"加料"。	39.00
9787504755483	花开的感觉	王莲宇	本书分三卷，共41篇小散文，是作者对生命意义的一些领悟，以期给读者的心灵带去引导和教益，在生命修行的路途中共同绽放。	48.00
9787504755452	教导型组织（最新版）	侯志奎	本书根据"教导模式"课程而来，至今已风靡近十年，影响波及东南亚，改变了数十万人的命运。	39.00
9787516410547	赢在薪酬：基于SMART原理的薪酬体系设计	郑指梁 范平	从战略、匹配、绩效、实操和工具五个层次，全面解读成功企业高效率薪酬体系设计！	45.00
9787504755278	这样开店赚翻天：威尔浪教你开启服装财富之门	刘俭文 杨敬	书中每一个案例都源自于终端门店的第一线，每一种方法都经过门店一线员工的亲身检验，可谓是经营连锁裤装品牌必读宝典。	38.00
9787504757791	精英：未曾选择的路	星辰	吹糠见米，为你详尽解读精英阶层走向成功的思维力、关系力和行动力！	39.80
9787516410394	解密HRBP发展与体系构建	徐升华	中国HRBP界第一本书，国际人力资源顶级大师Dave Ulrich鼎力推荐！	49.80
9787516411056	绩效增长：向绩效管理要利润的中国实践	江竹兵	本书已有5000多家企业学习，400000名学员见证，解读行动成功王牌课程"绩效增长模式"！	49.80
9787504758538	让生命绽放	侯志奎	作者以云淡风轻的态度谈人生、谈事业、谈成功，向我们展示了一个充满灵性的生命旅程，具有思想启迪与行动指导意义。	45.00
9787504758545	成交宝典	汪明	本书共5章，作者将为大家破解成为公众行销成交高手的秘密。书后附有学员见证和成交宝典50条语录。	39.80
9787569905762	走在梦想的路上	王鹏程	本书以小说生动细腻的笔触＋专业的职业生涯指导，写就一部毕业十年最感人职场与爱情双丰收励志小说！	39.80

ISBN	书名	作者	简介	定价（元）
9787516411285	南聊：南柏智慧箴言	南 柏	央视百家讲坛大咖鲍鹏山、韩田鹿、郦波联袂推荐，已使成千上万企业家学员受益！	45.00
9787516412138	支点 撬动企业快速成长的黄金法则	李 骁	作者系统研究和借鉴现代管理营销，创新地提炼出了"支点理论"，并系统地阐述了其方法和运用法则。	45.00
9787516412367	培训进化论	张立志	本书融合 5 家企业大学案例，凝练 10 个学习设计模型，归纳 80 个实战工具图表。最实效的培训必读书！	49.90
9787516412404	精解 HRBP 实战案例·工具与方案	徐升华	《解密 HRBP 发展与体系构建》姊妹篇，更多实战案例、工具与方案，传统 HR 向 HRBP 转型必备工具书！	49.80
9787516412459	好预算定乾坤	方 岚	以对小说细节精益求精刻画的匠心及作者二十多年的专业和权威，详解全面预算管理基本理论、实操细节、执行要点！	45.00
9787516412671	新三板市值管理：新三板市值倍增的"独孤九剑"	施淇丰 王 凯	新三板市值管理第一本书！已（拟）挂牌企业、券商、投资公司、基金公司、中小企业局新三板市值管理必备书！	68.00
9787515816586	全景营销：决胜移动互联时代的全价值链营销	潘多英	对营销人而言，本书大量实操性的工具、方法，都来源于一线实践，可以帮助系统思考、掌握工具，全面提升理论和操作素养。	49.90
9787515816760	掘金母婴店：14 堂课教你打造最赚钱的母婴店	王 同	本书聚焦于母婴店这个行业细分领域，为母婴店开店选址、组货、与供应商合作、门店业绩等方方面面提供了翔实而有效的指导。	49.90
9787515817279	培训的力量：互联网＋时代培训管理与创新	许盛华	培训为何以需求为导向，以及如何进行量化管理，本书有答案，更有工具。这是一本实用性、实战性极强的，互联网＋时代培训管理与创新的必备指南。	58.00
9787515817262	秒懂逻辑	李伟希	本书从逻辑的起点开始，到形式逻辑的三大基本规律、三大基本推理，再到 19 种逻辑谬误，将逻辑这个并不怎么好理解的概念浅近直白地呈现出来。	49.90
9787515817323	案例即本质：工业品营销实战案例精解	丁兴良	本书所表述的是实际营销工作中攻与守的应对之策。在一个个成功或失败的案例中，发掘其根源，对营销工作的日后开展具有一定的启迪和借鉴意义。	59.00
9787515817644	营销总监成长记：移动互联时代营销人实战胜经	闫治民	本书从业绩、管理方面，阐述了营销人如何从菜鸟到高手；从团队管理方面，如何从士兵到将军的蜕变过程，展示了营销人的成长风采。	49.90
9787504377524	掘金网络大电影：大 IP 时代电影人与"资本侠"的交响曲	林 凯 谌秀峰	爱奇艺创始人、CEO 龚宇隆重推荐！一本书读懂网络大电影创意策划、融资建组、拍摄剪辑、宣发上线的秘籍。	42.00
9787515817965	搞定不确定：行动学习给你答案	石 鑫	融汇了作者在上千个组织中应用行动学习的经验和见解。通过案例和理论相结合的方式进行全景式的深度解剖和分析。案例丰富，分析透彻。	49.90
9787515818214	横渡，不一样的人生	史振钧 等	一本描写那些徒手横渡琼州海峡的牛人们的励志书，是献给横渡爱好者、游泳爱好者、运动爱好者们的礼物。	49.90
9787515818320	灵魂有血性的男人	徐利伟	他的卓越，让他成为世界第一名的销售大师乔·吉拉德唯一亲自颁发自己随身佩戴的 NO.1 勋章的顶尖销售大师！他的演讲，是用生命的能量去付出！	49.90
9787515818337	地产喧嚣十八年	曹春尧	编年体房地产当代史书，历史泼墨中面和点、线勾勒，翔实、简洁共容，人物与政策、事件联通，缘由、经过和结果贯穿。	68.00